Gelebt habe ich in diesen Tagen

FSC
www.fsc.org
MIX
Papier aus verantwortungsvollen Quellen
Paper from responsible sources
FSC® C105338

Fotos, Gestaltung und Transkription: Stefan Heikens
Herstellung und Verlag: BoD - Books on Demand, Norderstedt

ISBN: 9783743181397

Für Onkel Gerd,
der die Seefahrt so sehr liebte.

1955-1999

Inhaltsangabe:

Vorwort

Setzt man sich mit der Marineschule Mürwik in Flensburg auseinander, so wird einem schnell klar, dass sie im zweiten Weltkrieg eine überaus bedeutende Rolle gespielt hat. Denn nachdem Hitler sich in seinem Bunker in Berlin das Leben genommen hatte, wurde Großadmiral Karl Dönitz sein direkter Nachfolger, und somit wurde die Marinesportschule in Mürwik für knapp drei Wochen der letzte Regierungssitz des dritten Reichs.

Ihr Kommandant, Wolfgang Lüth, ein überzeugter Nazi, ließ noch kurz vor Kriegsende SS-Angehörige in der Schule mit Marineuniformen und falschen Soldbüchern ausstatten, um ihnen bei der Flucht zu helfen.
Und selbst nach der Besatzung Flensburgs durch die Alliierten gab er noch die Losung aus: „Der Deutsche Gruß ist und bleibt der Gruß der Wehrmacht“. Wer diesen Gruß bei Aufforderung nicht mehr zeigte, sollte auf seinen Befehl hin sofort erschossen werden. Dieses Schicksal ereilte ihn dann schließlich sogar selbst, als er am 14. Mai 1945 kurz nach Mitternacht der Aufforderung des Soldaten Matthias Gottlob nicht Folge leistete und von diesem daraufhin erschossen wurde.

Doch was mich viel mehr interessierte als diese bereits bekannten Geschichten war die Frage, wie man sich dort wohl als Schüler fühlen würde. Wie es wohl wäre, wenn man als junger, beeinflussbarer Mensch mit so viel Propaganda überhäuft würde, und das an einem Ort der eigentlich der Vermittlung von Bildung und Werten vorbehalten bleiben sollte. Wenn man gelehrig ist in dem starken Glauben dass man Vorbildern folgt, die es wert wären geehrt zu werden.

Und so las ich mit großem Interesse die Briefe von Kadett Horst Handke, der 1943 eingerückt war, um Unteroffizier der Kriegsmarine zu werden. Aus Braunschweig kommend und beseelt von dem Glauben für eine gute Sache zu kämpfen, strotzen seine Briefe anfangs nur so vor Idealismus, und erst kurz vor dem Ende merkt man wie sehr die Angst immer mehr die Oberhand gewinnt.

Er warnt seine Familie mehrmals davor, zu viel über die Angriffe auf ihre Heimatstadt zu schreiben, denn das sei verboten, und auch die Tatsache, dass viele seiner Briefe von der Zensurstelle geöffnet worden waren zeigt wie sehr die Kadetten unter Beobachtung gestanden haben müssen. Und so konzentriert er sich auf den Alltag der Schule, und schreibt nur hin und wieder ein paar Sätze über aktuelle Ereignisse, wie die Invasion in der Normandie oder den Angriff auf den Güterzug, in dem er selbst saß.

Man sollte die folgenden Briefe also aufmerksam lesen, denn unter all den Belanglosigkeiten finden sich immer wieder faszinierende Einblicke nicht nur in den Schulalltag, sondern auch in das Denken eines jungen Mannes, der einzig und alleine dafür geschult wurde in den Krieg zu ziehen.

Stefan Heikens

MKS - Mürwig

Mürwik, 2. Juli 43.

Liebe Eltern und Brüder!

Nach längerer Reise bin ich hier am 30. Juni um 20 Uhr gelandet. Dienst und die anderen Sachen habe ich noch nicht kennen gelernt. Ich werde wenig Zeit haben zum Schreiben, da der Dienst, wie ja erwartet, sehr streng sein wird. Wir liegen hier mit fünf Mann auf einer Stube, ich selbst schlafe im obersten Bett, im dritten. Heute sind wir zum Teil eingekleidet worden. Gestern hatten wir Untersuchung und Sportprüfung. Näheres werdet Ihr bei Gelegenheit erfahren.
Für heute herzliche Grüße

Euer Horst

Mürwik, 4. Juli 43.

Ihr Lieben!

Nun bin ich schon einige Tage Soldat. Der Dienst ist hart, aber ich komme fast immer klar. Wir sind jetzt vollkommen eingekleidet. Und jetzt muß ich Euch nun schon um das erste Paket bitten. Ich benötige dringend einige Sachen. Und zwar folgende: drei Kleiderbügel, blaues Papier zum auslegen des Spindes, aber genug, und buntes zum ausschmücken desselben, kleine Nägel und Heftzwecken zum Befestigen des Papiers. Außerdem möchte ich noch um ein Gläschen Füllhaltertinte bitten.
Etwas zu meinem Schreiben. Wenn Ihr bis jetzt auf Post von mir warten mußtet, so liegt es nicht an mir allein. Wir haben hier sehr wenig oder überhaupt keine Freizeit. Alles wird ausgenutzt zum Lernen der gestellten Themen. In Zukunft wird auch dies nicht

besser werden. Die Verpflegung ist tadellos, ich bin bis jetzt immer satt geworden. Schickt bitte nichts zu essen mit, ich benötige nichts, und im Spind verschimmelt es nur. Wie geht es Dieter auf der Gebietsführerschule? Wie sieht es bei Euch aus?
Für heute viele herzliche Grüße und alles Gute

Euer Horst

Mürwik, 10. Juli 1943

Ihr Lieben!

Gestern erhielt ich Euren Doppelbrief. Ich habe mich sehr darüber gefreut, so schnell etwas von Euch zu erfahren.
Wir haben hier Werkstättenunterricht, und zwar jeden Vormittag von 7-12 Uhr. In dieser Woche war ich in der Dreherei. Mittags bekam ich dann nie meine Finger so sauber, wie es die Vorgesetzten haben wollten. Aus diesem Grunde Ata und Nagelbürste. Aber bitte keine von den alten, seht zu, daß ihr eine neue bekommt, mit sehr harten Borsten.
Heute sind wir zum zweiten Mal geimpft worden. Bei der ersten Kur hatte ich etwas Brustschmerzen, heute wird es schlimmer ausgehen. Man hat uns nämlich 1 cm^3 eingespritzt gegenüber von 0,5 cm^3 vom ersten Mal. Der Stabsarzt sagte, wir würden heute noch bis 40°C Fieber kriegen. Schmerzen habe ich schon. Macht Euch aber bitte keine Sorgen, morgen, Sonntag, haben wir sehr wenig Außendienst. Am Nachmittag in der Freizeit werden wir in unsere Sachen Namensschilder, die wir hier mit unseren eingestickten Namen bekommen haben, einnähen. Es sind nicht weniger als 120 Teile, die morgen verarbeitet werden müssen. Außerdem

müssen wir bis morgen noch unser Logbuch schreiben. Näheres darüber später!
Heute haben wir zum zweiten Mal Pudding nach dem Mittagbrot bekommen, zweimal hat man uns auch schon Gefrierobst aus Holland gegeben. Es waren Kirschen, die ihr ja jetzt auch essen könnt. Sie haben allen sehr gut gemundet. Also, das Essen ist immer tadellos, ich werde immer satt, nur habe ich auch vor dem Essen einen gewaltigen Hunger.
Gestern haben wir Zahnpasta, Schuhcreme (sehr wenig), getrocknetes Obst und Fruchtbonbons bekommen. Ich habe sie noch nicht angerührt. Vorläufig esse ich noch an dem mitgebrachten. Den Rümmerschen Keks habe ich auch noch. Sonst ist ausser Kunsthonig, Butter und der Mettwurst alles verzehrt. Das Brot ist zum größten Teil schimmelig geworden. Ich mußte es in der Kombüse abgeben, um nicht in Unannehmlichkeiten zu kommen. Solltet Ihr auf den „Bolzen" kommen Esswaren zu schicken, nicht so viel auf einmal, es wird sich nicht lange halten.
Die Neuigkeiten hatten mich sehr interessiert. Tief beeindruckt hat mich die Nachricht vom Heldentode meines alten HJ-Kameraden.
Ich schließe für heute mit den herzlichsten Grüßen und bleibe mit den besten Wünschen

Euer Horst

M., 12. Juli

Ihr Lieben!

Heute oder morgen sollen die Koffer abgeschickt werden. Inhalt ist alles, was ich mitnahm, außer Schlafanzug, zwei Paar Fußlappen und den Taschenbüchern. Die

Skatkarten hebt bitte für mich auf. Das kleine Glas könnt Ihr gefüllt wieder herschicken, Marmelade oder Honig! Besser wäre ein Papierbecher, den kann ich hier wegwerfen. Der Honig ist nämlich gestern Nachmittag alle geworden, schade! Es war immer so schön, nebenbei etwas zu naschen.
Für heute alles Gute und tausend herzliche Grüße

Euer Horst

Mürwik, 14. Juli 43

Ihr lieben Alle!

Gerade finde ich etwas Zeit und benutze diese, Euch zu schreiben. Was macht Ihr eigentlich? Ich warte nun schon tagelang auf die angeforderten Pakete, deren Inhalt ich doch so dringend benötige, wenigstens auf das erste der beiden. Habt Ihr vielleicht meine Post nicht erhalten?
Habe ich Euch schon mitgeteilt, daß wir hier neben unserem Infanteriedienst auch noch eine Werkstättenausbildung bekommen? In der letzten Woche war ich in der Dreherei. In dieser bin ich in der Schmiede. Heute Vormittag habe ich einen Reißstift und einen Wandnagel selbstständig schmieden müssen. Sie sind so einigermaßen gelungen. Soeben erhalte ich Euren zweiten Brief. Mit dem vielen Denken an Euch ist es nichts. Morgens habe ich überhaupt keine Zeit. Alles muß im Laufschritt gemacht werden, um richtig klar zu kommen. Nicht einmal richtig waschen kann man sich. Um ½ 6 Uhr ist Wecken. Zwanzig Minuten später ist schon Kaffee trinken, danach ist eine halbe Stunde „Reinschiff“, und um 7 Uhr beginnt der Werkstättendienst, der bis um 12 Uhr dauert. In dieser Zeit wird nur

gestanden. Ab und zu im Liegestütz „gepumpt“. 12.30 Uhr ist Mittagessen, bis dahin muß alles prima gewaschen und geputzt sein. Noch einmal: Satt werde ich noch immer, die Mettwurst habe ich noch ganz.
Mit den herzlichsten Grüßen bleibe ich

Euer Horst

Mürwik, d. 16. Juli 43.

Liebe Eltern!

Gestern erhielt ich nun Euer Paket. Ich habe mich über alles gefreut, auch über die Pflastersteine, die leider schon verzehrt sind. Meinen Spind habe ich sofort zurecht gemacht. Hoffentlich paßt dem Vorgesetzten meine Einrichtung! Die Tinte schreibt prima. Haltet ein zweites Fäßchen bereit, es wird schon bald wieder leer geschrieben sein.
Um auf den Brief von Mama einzugehen, braucht sie sich um mich keine Sorgen zu machen. Kameraden, Verpflegung, usw., sind tadellos und können nicht besser sein. Genäht habe ich bis jetzt nur meine Namensschildchen. Wäsche brauchen wir, außer Halsbinden, nicht zu waschen. In der ersten Woche haben wir eine Raucherkarte und sogar eine Kuchenkarte mit 400gr. erhalten. Die Rauchwaren (!?!) gebe ich an Kameraden ab. Wenn ihr sie aber haben wollt, so müßt ihr mir dieses mitteilen. Die Kuchenkarte wird selbstverständlich leer gemacht. Auch haben wir in der ersten Woche zwanzig Bonbons und ein Paket Rosinen und Mandeln bekommen, in dieser Woche zehn Bonbons. Wenn das so weitergeht, leckere ich hier noch mehr als bei Euch zu Hause. Letztens haben wir nach dem Mittagbrot sogar einige Hände voll Kirschen

bekommen. Am 14. erhielt ich einen Brief von Rümmer. Ich werde ihnen am Sonntag beantworten, obwohl es wieder mit der Zeit sehr knapp wird. Ich muß dann Logbuch, Werkstättenbuch mit Zeichnungen und die Themen der Woche noch schreiben. Was macht mein zweites Paket?
Viele herzliche Grüße und alles Gute

Euer Horst

Mürwik, 17. Juli 43.

Ihr Lieben!

Heute erhielt ich Deinen Brief, liebe Mutter, ich habe mich, wie immer, sehr über die Zeilen gefreut.
Inzwischen ist nun schon wieder eine Woche vergangen, und wie schnell!! Besonderes hat sich aber nicht ereignet, nur daß ich jetzt in der Werkstatt in der Schmiede bin. Ihr kennt doch das Werbeheft, seht Euch die Bilder an, dann wißt Ihr, wo ich bin. Vorgestern ist mir ein glühendes Stück Eisen vor den Kopf geflogen. Dicht über dem linken Auge ist eine nette Brandblase. Die Arbeit macht mir aber trotzdem einen Riesenspaß. Exdienst und Unterricht am Vormittag sind immer dasselbe. Heute sind wir schon wieder geimpft worden, und das wird sich wohl noch vier oder fünf Mal wiederholen. Am Sonntag ist man dann immer nicht auf der Höhe. Es ist aber besser so, als wenn man beim Dienst immer auffällt, und andere Kameraden darunter leiden müssen.
Heute, Sonnabend, war ein herrlicher Tag, das heißt bis jetzt. Morgens nach dem Kaffeetrinken hatten wir Sport, dann bis 11 Uhr „Großreinschiff", vor dem Mittagbrot noch impfen. Am Nachmittag Zeugdienst und

Selbstreinigung. Hierbei haben wir ganz heiß gebraust. Im Brauseraum sah es doll aus. Fast alle saßen an der Erde und bürsteten ihre Arbeitspäckchen, die wir eigentlich nicht selbst waschen brauchen. Ich habe meine Fußlappen und zwei Halsbinden bearbeitet. Brausen ist der begehrteste Dienst der Woche. Danach hatten wir Freizeit.

Ich habe mich aber zu einem Dienst freiwillig gemeldet, und kam so unten an den Strand, den wir nur vom Exdienst her sehen können. Es war ein ganz großer Betrieb auf der Förde, die Fähnriche und Offiziere haben gesegelt. Bei diesem Dienst kam ich auch auf ein großes Schiff, und deshalb habe ich mich freiwillig gemeldet. Es ist einfach fabelhaft auf solch einem „Vogel“ (Unser Zugoffizier nennt jedes Stück einen „Vogel“).

Gleich nach der Rückkehr habe ich mein zurückgespartes, oder besser, übriggebliebenes Brot mit Honig und Käse verzehrt. Und sofort danach kam sehr überraschend der Allemannpfiff zum Abendbrot. Zu morgen Nachmittag habe ich noch Wurst, Honig, Käse und Brot übergespart. Ich will auch merken, vielmehr mein Magen soll wissen, daß Sonntag ist. Meine Bonbons werde ich dann auch verzehren.

Heute gab es in der Kantine einen prima Most. Ich habe dies natürlich ausgenutzt. Im übrigen kann man dort fast alles bekommen, nur nicht das, was wir hier unbedingt und sehr nötig brauchen.

Höchstwahrscheinlich haben wir am nächsten Sonnabend und Sonntag unseren ersten Ausgang, zwar zuerst geschlossen in der Gruppe, dann aber nach eines jeden Belieben. Nach der Vereidigung sollen wir wenigstens schon ordnungsgemäß an Land steigen können.

Morgen ist nun Sonntag. Das erste, was sehr angenehm ist, ist die Tatsache, daß wir bis 8 Uhr schlafen dürfen.

Am letzten Sonntag war ich leider schon aus Gewohnheit schon um 6 Uhr wach. Vielleicht haben wir vor dem Mittagbrot noch Singen. Am Nachmittag wird wieder geschrieben, bis die Feder heiß wird. Logbuch, Werkbuch, Werk- und Unteroffizierthemen.
Zwischendurch wird ordnungsgemäß gespachtelt.
Mein Koffer geht höchstwahrscheinlich morgen ab. Es hat lange gedauert. Hoffentlich ist er nicht allzu lange unterwegs. Seesack ist entschieden praktischer für die vielen Klamotten. Wenn Ihr mich sehen würdet, stauntet Ihr.
Heute haben wir weißes Arbeitspäckchen an, es heißt nur so, wird aber nicht zum arbeiten angezogen, nur zum Unterricht. Morgen haben wir auch „Weiß" an, nur noch mit dem Exerzierkragen und dem seidenen Tuch, dessen Knoten wir immer mit viel Mühe und Not binden müssen. Man freut sich ab Montag schon wieder auf den Sonntag, und gerade deshalb geht die Woche so schnell hin.
Seid nun herzlich gegrüßt von

Eurem Horst

Mürwik, 22. Juli 43.

Ihr lieben Alle!

„Schon wieder geht ein schöner Tag zu Ende…".
Donnerstag, nach der Abendrunde, also 9 Uhr abends. Zwei erlebnisreiche Tage habe ich gestern und heute gehabt. Gestern hatten wir Kommandeurmusterung. Wir wurden auf unsere Pflichten und Aufgaben als künftige Soldaten hingewiesen…..
23. Juli 43.
Leider mußte ich gestern abbrechen mit Schreiben. Wir

hatten nach dem Abendbrot, zur Strafe und Übung, weil wir uns mittags nicht schnell genug umgezogen hatten, uns in Turnzeug mit gepacktem Seesack zu melden (der ganze Zug). Die Spinde mußten vollkommen ausgeräumt sein. Danach gingen wir hinter das Unterrichtsgebäude, setzten die schwere Last ab und machten Anzugwechseln. Der Seesack mußte vorher in drei Minuten gepackt sein. Ihr könnt Euch ja denken, wie die Klamotten in den Sack flogen!! Also hinter der U-Baracke mußte Anzug „Grau“ angezogen werden. Jetzt mußte alles erst zusammengesucht werden. Gamaschen, Stiefel, Unterhose, Rock und vor allem das Käppi. Es lag bei mir ganz unten. Als ich es endlich gefunden hatte waren meine, auch unsere, Sachen vollkommen durcheinander. Kaum hatten wir uns angezogen, die Sachen wüst durcheinander in den Seesack gestopft, da kam der Befehl „Tagesanzug anziehen“. Jetzt ging dasselbe noch einmal los.
Danach mußte der Spind in neun Minuten gestaut sein. Ich schwitzte dabei furchtbar, nicht wegen der Hitze, mehr noch vor Aufregung. Mir fehlte danach eine weiße Hose, die sich inzwischen schon wieder angefunden hat. Als Abschluß dieses anstrengenden Tages erhielten wir die Erlaubnis, zum Strand baden zu gehen. Es war bereits schon ½ 10 Uhr. Es war direkt herrlich, sich im Seewasser bei geringem Seegang zu tummeln. Einen sehr salzigen Geschmack hat es, ich hatte ihn nicht für so stark gehalten. Geschlafen habe ich nach dieser Wohltat ausgezeichnet. Heute haben wir von der Schmiede zur Schlosserei umgewechselt. Am Sonntag steigt der erste Ausgang. Am Donnerstag ist Vereidigung. Wir lernen dazu schon tüchtig das Lied: „Wir treten zum Beten…“. Damit sind wir dann keine „dummen“ Rekruten mehr, die alles falsch machen, sondern richtige Soldaten. Das Wetter ist hier jetzt

prima, die Sonne meint es viel zu gut!
Mit den herzlichsten Grüßen bleibe ich

Euer Horst

Mürwik, 24. Juli 43.

Liebe Eltern!

Heute erhielt ich Euren lieben Brief vom 21. des Monats. Meinen herzlichen Dank dafür.
Morgen haben wir den ersten Ausgang, zwar noch geschlossen in der Gruppe, aber das macht nichts, am Donnerstag können wir wieder an Land steigen, dann haben wir nämlich sogar noch „freies Manöver". Der Grund dieser Ausnahmeerlaubnis ist die Vereidigung am Vormittag. Damit sind wir dann, Gott sei Dank, keine Rekruten mehr. Wir können auch dann dreimal in der Woche, wenn es die Zeit erlaubt, an Land gehen. Mittwochs und sonntags bis um 22 Uhr, und sonnabends bis 23 Uhr. Ich werde höchstwahrscheinlich mehr am Strand zu finden sein als in der ebenso schönen Stadt. Das Baden in dem Seewasser, und das noch bei einem zünftigen Wellenschlag, macht mir einen Riesenspaß. Habt Ihr mein Paket schon abgeschickt? Die Nagelbürste brauch ich nicht mehr. Wir haben alles jetzt bekommen. Aber ATA muß bald ran. Heute muß ich noch den blauen Exerzierkragen, vor allem aber die weißen Bänder daran bügeln und noch mein seidenes Tuch zur „Fliege" binden. Dazu ist wieder etwas Fingerfertigkeit nötig. Weiter wird nichts mehr getan heute; denn morgen ist die Uniform ja doch nicht in Ordnung! Nur das Logbuch muß noch geschrieben werden! Mit vielen herzlichen Grüßen bleibe ich
Euer Horst

Mürwik, 27. Juli 43.

Liebe Eltern und Brüder!

Ich nehme an, daß Ihr schon wieder einige Post vom Stapel gelassen habt. Ich habe noch keine wieder erhalten. Ihr kennt ja die Umstände besser als ich. Wenn Ihr jetzt die Post unregelmäßig erhaltet, so führt es auf diese zurück. Dies nur als Einleitung.
Übermorgen werden wir vereidigt. Heute haben wir schon die Feier, oder wie ich es nennen soll, durchexerziert. Ich verspreche mir sehr viel davon. Schon die Probe hat einen großen Eindruck auf mich gemacht, vor allem die Musik, der Feierverlauf und der gewählte Platz, die Marineschule mit ihrem wuchtigen Turm im Hintergrund. Wir werden, wie auch schon heute, am Donnerstag unsere „erste Garnitur Blau“ anziehen. Wir haben sie am Vormittag erst empfangen. Alles paßt prima, nur meine Hose lasse ich nächstens noch vom Schneider länger machen.
Die Kameraden haben am Donnerstag Ausgang. Ich habe Brandposten und kann so an diesem Tage die Kaserne nicht verlassen. Der erste Ausgang war, bis auf den doppelten Fliegeralarm, an dem ich zum ersten Mal einen Schwarm britischer Flugzeuge sah, ganz groß. Wir haben gelebt wie die Fürsten. Das beste Strandhotel hatten wir aufgesucht. Ist es möglich, dass meine braunen Schuhe geschwärzt werden können? Sie müssen dann noch auf Hochglanz zu bringen sein. Es ist besser, wenn ich diese beim Ausgang anziehe. Nur benötige ich dann noch schwarze Strümpfe.
Mit vielen herzlichen Grüßen bleibe ich

Euer Horst

Mürwik, 29. Juli 43

Liebe Mama!

Deinen lieben Brief vom 26. Juli habe ich heute erhalten, nachdem ich mehrere Tage überhaupt ohne Post war. Was macht eigentlich mein bestelltes Paket mit dem ATA, usw.? Habt Ihr es schon aufgegeben? Wenn Ihr schon wieder ein Paket klar macht, so schickt bitte die weiße Schlafanzughose mit, und einige Briefumschläge. In die Hose möglichst den Namen schon einnähen.
Heute Vormittag sind wir in einer schlichten militärischen Feier auf den Führer vereidigt worden. Heute ist also ein Festtag! Dienst haben wir keinen. Die ganze Kompanie hat Ausgang. Nur wenige mußten in der Kaserne bleiben, zu denen auch ich zähle. Ich bin nämlich bei Fliegeralarm, der in der letzten Woche hier sehr häufig ist, Telefonposten im Werkstättengebäude. Gut, ich kann dann schon heute meine Sonntagsarbeiten erledigen. Am 7.8. oder 8.8. bekomme ich hier Besuch. Herbert Beutnagel wird wieder nach Flensburg versetzt. Selbstverständlich werden wir an Land gehen. In der Schlosserei gefällt es mir ausgezeichnet. Leider habe ich mir schon eine saftige Blase an die Innenhand gefeilt. Aber das macht nichts, Hauptsache, mein Werkstück bekommt eine gute Note. Ich werde sie später einmal alle schicken und als Andenken aufheben. Hat Herr Schesmer schon wieder geschrieben? Nach hier hat er noch nichts von sich hören lassen. Wie hat es den beiden „Kumpels“ im Lager gefallen?
Die Prospekte liegen oben im Schrank auf der Schuldiele. Ich meine das Heft „Wie werde ich Offizier“. Fast alle Aufnahmen darin sind hier von der Marineschule. Wenn Ihr Büchsen schickt, einen Büchsenöffner bitte dabeilegen!

Für heute nehmt nun viele herzliche Grüße von

Eurem Horst entgegen

Mürwik, 31. Juli 43.

Ihr lieben Alle!

Herrlich ist es doch, wenn die Woche ihrem Ende entgegen geht, noch schöner ist es, wenn man sagen kann, sie ist schnell vergangen. Sonnabend/Sonntag ist für uns alle jetzt eine kleine Erholung. Wir haben nur am Sonnabendvormittag Dienst, und zwar Sport, alles andere ist Freizeit mit etwas Zeugdienst und am Sonntag nur noch eine Stunde singen. Nach dem Mittagbrot hatten wir heute Zeugdienst und Sich-selbst-waschen. Ich habe beides zusammengelegt, indem ich unten im Brauseraum einmal „große" Wäsche hatte.
Ich habe gewaschen: Eine Unterhose, ein Unterhemd, eine Arbeitshose, ein Arbeitshemd, feldgraue Hose und Rock, Taschentücher, Strümpfe, Segeltuchgamaschen, graues Käppi, ein Paar Fußlappen und zwei Kragenbinden. Doll, was? Die rümmersche Seife hat mir hierbei große Dienste geleistet. Alles ist tadellos sauber geworden und hängt eben auf der Leine, oder liegt auf dem Rasen zum trocknen. Bis jetzt habe ich nur ein paar Fußlappen benutzt. Jeden Morgen habe ich eine Prise Fußpuder hineingetan. An meinen Füßen habe ich noch keine Beschwerden gehabt. Legt bitte noch ein paar Fußlappen bereit! Ich habe vorher nicht gedacht, daß man in ihnen so prima gehen kann.
Gestern Abend nach dem Abendbrot hatte der Zug zum ersten Mal „Hebammenflachrennen". Wir traten wieder in Turnzeug heraus, wurden dann wieder zum Umziehen weggeschickt, und zwar mußten wir in drei

Minuten in zweiter Garnitur Blau wieder draußen stehen. Wir hatten es aber „schon“ in sechs Minuten. Das ist eine Leistung, mit gebundener Fliege und Exkragen, usw.!!! Dann ging das eigentliche Flachrennen los. Vorher mußten wir noch Takelzeug anziehen, Seesack packen und mit Stahlhelm und Gasmaske heraustreten. Dann liefen wir zuerst mit Bordmütze und Seesack um das Unterrichtsgebäude, dann mit Stahlhelm und Gasmaske umgehängt, und dann unser Tod, mit Gasmaske! Die Ventile gingen nach dem Rennen wie bei einer Lokomotive. Und dann kam das Dollste. Wir hatten aus dem Seesack einen Kolani herauszusuchen, und zum Spind zu bringen, dann die Badehose, einen Strumpf und zuletzt die Mützenkokarde, die bei allen vorher festgenäht sein mußte. Jedes Teil wurde einzeln vom U-Gebäude zum Spind gebracht. Hiernach hatten wir wieder unseren Spind zu stauen. Baden konnten wir diesmal aber nicht mehr!
Morgen werde ich an Land gehen und gut leben, das kann man hier noch. Heute erledige ich deshalb schon meine Arbeiten, Urlaubsmusterungen sind heute ab 16 Uhr. Wir können dann bis 23 Uhr in die Stadt oder sonstwo bleiben, am Sonntag kann ja wieder ausgeschlafen werden!
Mit diesem Brief erhaltet Ihr das erste Matrosenbild. Die Mütze oder den Tellerhut habe ich vollkommen falsch auf. Sie muß weiter ins Gesicht, das wußte ich damals aber noch nicht. Inzwischen bin ich schon wieder ein paar Mal aufgenommen worden. Die Bilder sind nur noch nicht entwickelt. Der Kolani, den ich auf dem Bild angezogen habe, ist von der zweiten Garnitur. Der von der ersten sitzt noch zehnmal besser auf der Taille. Außerdem ist der Stoff wesentlich besser.
Wie sieht es nun bei Euch aus? Wie hat Papa der Kursus gefallen? Wird sich Helmut oder Dieter um die

Anschrift von Frau Schoppe kümmern können? Sie wissen ja, wo er wohnt. Ihr könnt es auch telephonisch machen. Was machen meine Schuhe? Sind sie zu schwärzen? Hoffentlich doch!! So, jetzt will ich nach meiner Wäsche sehen, sicher ist sie trocken, denn die Sonne meint es zu gut, dann werde ich Abendbrot essen. Wir haben heute schon mittags unsere Verpflegung erhalten, weil Urlaubstag ist. Danach wird die restliche Arbeit erledigt.
Mit vielen herzlichen Grüßen und den besten Wünschen für alles Gute bleibe ich

Euer Horst

Mürwik, 6. Aug. 43.

Liebe Eltern!

Nachdem ich nun schon über eine Woche ohne Post bin, obwohl ich so sehr darauf warte, will ich nun Euch wieder einige Zeilen zukommen lassen. Von Rümmer, Schneiders, usw., lassen auch nichts von sich hören.
Am Sonntag sind wir wieder neu eingeteilt. Ich liege auf einer anderen Stube unter neuen Kameraden. Fünf Mann liegen auf der Stube, drei heißen Horst, und einer davon hat sogar mit mir auf demselben Tag Geburtstag. Die Feier wird natürlich mit Eurer Unterstützung ganz groß. Die nötigen feuchten Sachen rollen von anderer Seite. Horst Hapkes Vater besitzt nämlich in Hameln eine Schnapsbrennerei. Was machen meine Pakete? Wie ist bei Euch die Ernte ausgefallen? Oder ist sie noch nicht ganz eingefahren? Dieter und Helmut sind wohl noch in Rümmer?
Mit dem heutigen Freitag habe ich nun schon fünf Ausbildungswochen hinter mir. Der Rest wird wohl

auch bald vorüber sein, wenn alles gut geht. Wenn ich nicht krank werde oder zum Rapport stehen muß. Das ist nur eine Kleinigkeit. Den Dienst und den Tagesablauf ist man jetzt schon richtig gewohnt. Das „Seesackpacken“ bereitet auch keine Schwierigkeiten mehr. Das Wetter hat sich in den letzten beiden Tagen etwas abgekühlt. Heute regnet es, sogar beim Exdienst sind wir auf dem aufgeweichten Explatz herumgewandert und ab und zu auch in einem Pfuhl gelegen. Alles ist bis Montag erst einmal wieder vorbei.
In der Hoffnung, in der Zukunft etwas mehr Post zu erhalten, bleibe ich mit den herzlichsten Grüßen

Euer Horst

Mürwik, am 8. Aug. 43.

Lieber Helmut!

Heute erhielt ich Deinen Brief. Lange habt Ihr ja auf Euch warten lassen! Einigen konntet Ihr Euch sicher auch nicht, wer nun an der Reihe war, und schließlich mußtest Du Dich für diese „schwere Arbeit“ opfern. Ist es so, oder hab ich Recht? Ach, das macht nichts!
Deine Ferien waren also sehr erlebnisreich. Dass es Dir im Lager gefallen hat, kann ich mir denken. Ich wäre ja selbst auch gerne nochmal dabei gewesen. Dieser Dienst hier läßt sich ja nicht im Geringsten mit Eurem Betrieb vergleichen. Eine ruhige Minute kommt hier gar nicht in Frage. Mit Küchendienst oder ähnlichem haben wir hier nichts zu tun. Warst Du eigentlich die ganze Lagerzeit, außer den beiden ersten Tagen, Wachtführer? Dann hast Du gerade die ruhigste Seite des Lagers kennen gelernt. Wie hat sich Euer Lagerführer benommen, und wie hat er Dir und Deinen Kameraden gefallen?

Wann beginnt Eure Schule eigentlich wieder? Du wirst die vierte Klasse nun noch ein zweites Mal durchmachen müssen. Später, wenn Du erst einmal beim Kommiss bist, oder kurz vor Deinem Beruf stehst, wirst Du es sicher noch bereuen. Denn hier wird nicht nur Dienst geschoben, sondern es muß beim Unterricht noch tüchtig „rangeklotzt" werden. Vorläufig noch nicht allzu stark. Aber im September, wenn wir unseren ersten Werkstättenlehrgang hinter uns haben und der Vormittag dann für Unterricht frei ist, wird es tüchtig was zu arbeiten geben. Wir haben dann neben dem jetzigen Unterricht, wie Zeichnen, Offiziers- und Unteroffiziersunterricht, noch Mathematik und Maschinenkunde. Sport und Exdienst wird dann natürlich in verstärktem Maße weiterbetrieben.
Gestern hatten wir, wie jeden Sonnabend, wieder eine sehr anständige Sportstunde. Sie ist fast so aufgebaut wie bei Herrn Sander bei Euch an der Schule. Zuerst ein Lauf, dann Freiübungen mit und ohne Gerät. Als Geräte werden die „Marine-Streichhölzer" und zwei Rundgewichte mit je zehn Pfund benutzt. Die Streichhölzer sind zwei Meter lange und zwanzig Zentimeter dicke Balken mit einem ganz anständigen Gewicht. Zehn Minuten Sport mit diesen Geräten und man hat Pudding in allen Gelenken. Die „Vögel" nur eine halbe Minute in „Vorhalte", und man kann nicht mehr gerade stehen. Danach haben wir dann eine Stunde Geräteturnen. In der ersten Stunde hatten wir Reck, dann Tisch, in der dritten Barren und in der vierten Pferd. Danach wurde immer noch etwas gespielt. Völkerball oder Korbball. Gestern hatten wir noch eine Mutübung: Wir mußten an den Tauen bis unter die Decke klettern (6-7 Meter), und uns dann in ein Sprungtuch fallen lassen. Zögern darfst Du bei allen Übungen nicht. Wenn man beim Reckturnen bei der Grätsche die ich sonst nie frei machte, und jetzt

in einer Stunde lernte, hinfliegt, so macht das nichts. Das ist so der Verlauf einer Sportstunde hier.
Was macht bei Euch der Dienst? Hoffentlich ist noch alles in bester Ordnung! Übrigens meinen herzlichen Glückwunsch für das bestandene DJ-Leistungsabzeichen. Sicher wirst Du das Abzeichen auch bald ausgehändigt bekommen.
Kümmere Dich bitte in nächster Zeit einmal um die Anschrift von Fritz Schoppe! Ich weiß ja gar nicht, wo der Kumpel steckt. Schreib bitte bald einmal wieder! Seid alle recht herzliche gegrüßt von

Eurem Horst

Liebe Eltern!

Wochenlang warte ich nun schon auf das zweite Paket. Ich weiß auch gar nicht, ob Ihr es schon abgeschickt habt oder ob ihr es noch nicht getan habt. Wenn es der erste Fall sein sollte, so wird es sicher bei den Bombenangriffen auf Hamburg oder Hannover verloren gegangen sein; denn die Post geht über diese beiden Orte. Es wäre ja sehr schade, wenn dieses zuträfe. Aber darf ich dann auf ein Ersatzpaket hoffen?
Heute ist hier sehr schlechtes Wetter. Herbert Beutnagel wird mich vielleicht heute noch besuchen. Er wollte eigentlich gestern schon kommen. Am nächsten Sonntag gehe ich auf alle Fälle an Land. Bis jetzt war ich ja erst einmal mit der Gruppe geschlossen auf Urlaub. Selbstverständlich bin ich dann am Sonnabend auch nicht hier.
Laßt mich bitte nicht so viel auf Eure Post warten! Seit Donnerstag, 27. Juli, habe ich überhaupt keine Post mehr erhalten. Euch alles Gute wünschend bleibe ich

mit den herzlichsten Grüßen

Euer Horst

Mürwik, 10.8.43.

Ihr lieben Alle!

Gestern erhielt ich Euren Brief (11), vielmehr Dieters Brief. Dir meinen herzlichsten Dank dafür. Damit habe ich den ersten und elften erhalten. Dazwischen habe ich noch zwei nummerierte bekommen. Alle übrigen sind entweder verloren gegangen, oder ich werde sie mit sehr viel Verspätung erhalten. Besonderes hat sich noch nicht wieder ereignet. Gestern haben wir den Gewehrgriff „Gewehr über“ begonnen. Morgen sind wir zum letzten Mal in der Schlosserei. Ich habe zwei Werkstücke fertig stellen können. Übermorgen beginnen wir dann in der Elektro-Schweißerei. Hoffentlich gibt es dort nicht so viele Brandblasen wie in der Schmiede. In der nächsten Woche werden nun auch schon die Zwischenbeurteilungen geschrieben. Die Zensuren erfahren wir nicht. Nur die Schlußzensuren am Ende des Lehrgangs hier bekommen wir ausgehändigt. Herbert Beutnagel ist am Sonntag nicht gekommen. Am Abend habe ich zum ersten Mal außer der Reihe Seesack packen müssen, weil ich mein Grauzeug nicht auf dem Bügel hängen hatte, als unerwartet nach dem Exdienst Kontrolle kam. Dabei zerbrach auch die Glashülse von meinem Reiseetui. Es ist nach der Ronde, ich darf mich nicht schnappen lassen, sonst stehe ich morgen zum Rapport.
Mit vielen herzlichen Grüßen bleibe ich

Euer Horst

Mürwik, am 15. August 43.

Lieber Papa!

Vorgestern erhielt ich mit noch zwei Briefen von Mama mit mehr oder weniger Überraschung Deinen Brief aus dem Marienstift. Es ist für mich jetzt keine Beunruhigung, daß Du im Krankenhaus liegst, sondern eine Beruhigung. Nämlich deshalb, weil Du endlich einmal etwas Ganzes unternommen hast. Hoffentlich wird durch die Behandlung nun der Unruhestifter und Dein Plagegeist entfernt und Du wirst geheilt. Die Untersuchungen zeigen mir, daß, wie Du ja selbst schreibst, gründlich zu Werke gegangen wird. Mußt Du nun den ganzen Tag im Bette liegen, oder kannst Du Dich frei bewegen?

In Deinem Brief schreibst Du, daß wir strapaziert würden. Das Wort ist hier nicht angebracht.

Alles bürgerliche Leben wird mit allen Mitteln hier aus uns herausgedrängt, und der Dienst macht aus uns ganze Kerle. Morgen haben wir wieder einen zwölf Kilometer langen Ausmarsch. Eine Dreiviertelstunde müssen wir mit Gasmasken „wandern“. Bei einem Exdienst haben wir sie auch einmal aufsetzen müssen. Als wir sie absetzten, war innen eine ganze Pütz Schweiß. Wenn es dann in der Freizeit auch noch hergeht, so liegt es zum Teil nur an uns, obwohl das Vergehen noch so gering und lächerlich war. Ich wünsche Dir, lieber Papa, von ganzem Herzen zu Deinem kommenden Geburtstage nur das Beste. Möge die Gesundheit in Deinem neuen Lebensjahre vorherrschend sein, sicher wird sich dann alles andere von selbst einfinden. Hoffentlich wirst Du Dein Fest zu Hause feiern können.

Es denkt am Donnerstag an Dich, lieber Papa,

Dein Horst

Mürwik, am 15.8.43.

Ihr Lieben!

Vorgestern kam nun schon ein großer Teil der schon so lange erwarteten Post an. Zwei Briefe von Mama und einer von Papa aus dem Marienstift. Außerdem noch ein Brief von Herbert Beutnagel, der im Lazarett liegt und mich deshalb am letzten Sonntag nicht besuchen konnte. Die Nachricht von den vielen abgeschickten Päckchen hat mich gewaltig überrascht. Etwas müßt Ihr die Paketschickerei doch abbremsen, da ich sonst mit dem Gruppenführer in Konflikt komme. Bis jetzt ist ja noch keines von allen angekommen. Hoffen wir aber alle das Beste. Das Unvernünftigste, was Ihr machen konntet, ist die Tatsache, mir Fleisch- und Kuchenmarken zu schicken. Sie kommen mit dem heutigen Brief zurück (500 gr. Fleisch, 800 gr. Kuchen). Erstens erhalte ich hier Kuchenmarken, zweitens komme ich vollkommen mit meinen Rationen aus. Mit dem erwarteten Inhalt der Päckchen bin ich bis auf das Fleisch einverstanden. Ich bin ja gespannt, wann sie ankommen werden! Der Käse wird wohl auch sehr fein aussehen und gut schmecken nach so einer langen Reise. Von Rümmer kam gestern auch noch ein Einschreibepäckchen an. Es war vom 25. Juli. Der Inhalt (Keks) wird heute aufgezehrt.

Heute habe ich nun keine Lust mehr, an Land zu gehen. Ich habe noch viel zu arbeiten. Eigentlich wollten wir heute segeln. Leider ist dies schöne Vorhaben, auf das ich mich schon die halbe Woche gefreut habe, ins Wasser gefallen, weil wegen zu starkem Wind Startverbot war.

Gestern habe ich keinen Ausgang bekommen, weil der Zug gewaltig angespitzt wurde. Ich hatte da die Absicht, Herbert Beutnagel zu besuchen. Papa wird nun für einige Wochen nicht mehr bei Euch sein. Ja, hoffen wir

alle, daß endlich einmal etwas Vernünftiges aus dieser Behandlung wird! Papa hatte mir auch schon vom Marienstift geschrieben, aber es war noch, außer den Untersuchungen, nichts Besonderes gewesen. Seinen Geburtstag wird er auch nicht mit Euch feiern können. Wie kommt Ihr dann mit den Kaninchen klar?
Morgen machen wir einen zwölf Kilometer langen Ausmarsch. Eine Dreiviertelstunde davon müssen wir mit aufgesetzter Gasmaske zurücklegen.
Wie ist es mit meinen Schuhen? Sie müssen selbstverständlich auf Hochglanz zu bringen sein, sonst komme ich damit nicht an Land. Wenn Ihr sie schickt, ein Paar dunkle Strümpfe bitte mit, nur per Einschreiben. Ihr habt dann größere Sicherheit, daß sie hier ankommen. Die Anschrift von Schoppe soll Dieter mir schicken!! Aber schleunigst!
Für heute alles Gute und tausend herzliche Grüße,

Euer Horst

Mürwik, am 22. Aug.

Liebe Eltern, liebe Brüder!

Mehrere Briefe sind in dieser Woche von Euch angekommen. Es waren 13, 14, 15 und einer von Papa. Am 16. erhielt ich das Päckchen vom 17. Juli. Vielen Dank für den Inhalt. Der Zucker ist heute im Kaffee alle geworden. Bis heute fehlen noch die Briefe von 2 bis 10 einschließlich. Ich bin gespannt, wann die hier wohl ankommen!!
Um nun auf Eure Briefe einzugehen möchte ich vorrausschicken, daß ich nicht noch einmal bedauert werden will! Das verbitte ich mir höflichst. Ich wollte nun einmal hierher, und wenn Ihr es so macht, so könnt

Ihr mich noch jahrelang bedauern. Im Übrigen ist fast gar nichts mehr dabei, Seesack zu packen. In dieser Woche ist es etwas Alltägliches geworden.
Am Montag ging der Betrieb in einem für Euch unvorstellbaren Exdienst wieder los. Es hatte die Tage vorher geregnet, alles war nass, und der Explatz ein großer See. Kaum waren wir zehn Schritte auf dem Explatz, als wir schon flach lagen. Wir dachten, es wäre dieses Hinlegen einmalig gewesen, und haben uns deshalb aufgestützt. Die darauffolgende Kontrolle, wer naß und schmutzig war, entschied den weiteren Verlauf des Exdienstes. Wir kamen in den beiden Stunden nur wenige Augenblicke von der Matscherde hoch. Alles war verdreckt und durchnässt, Gewehr und Zeug.
Zu allem Überfluß ging es dann auch noch zur Steilküste an die Förde. Wir waren unten angetreten, der Leutnant und die Ausbilder standen auf dem 30m hohen Hang. Das Kommando „50 Schritte zurück… Marsch, marsch“ kam zwar für uns etwas überraschend, aber wir nutzten es sofort aus. Eh der Leutnant wusste, was er angerichtet hatte, war der ganze Zug in der Förde. Ich war einer der ersten mit, die bis an die Brust im kalten Wasser standen, die Gelegenheit ausnutzend, seine Uniform sauber zu bekommen. Erkältet bin ich nach diesem Bad nicht, obwohl wir noch eine halbe Stunde den Hang hinauf und hinab rutschten; denn klettern konnte man bei solchem Matsch nicht.
Am Dienstag hatten wir Schießen. Ich habe 29 Ringe rausgeknallt. Abends war Seesackpacken und in der Unterrichtsbaracke Anzug wechseln. Alle Klamotten lagen in einem kleinen Unterrichtsraum vollkommen durcheinander, weil der Seesack immer wieder von Grund auf durchwühlt werden mußte.
Am Mittwoch machten wir dann einen längeren Ausmarsch. Doll war es, als wir eine Dreiviertelstunde

unter der Gasmaske im Eilmarsch zu trippeln hatten. Das Gewehr auf der Schulter, der Stahlhelm auf dem Kopf und auch noch die Gasmaske. Alles trug, neben der lieben Sonne, dazu bei, einen mächtigen Schweißstrom fließen zu lassen.
Auch die letzten beiden Tage der Woche hatten wir ständig Druck. Fast wären wir überhaupt nicht mehrklar gekommen. Am Freitagabend hatte ich bis 24 Uhr gearbeitet. Am Sonnabendmorgen bin ich mit noch einigen Kameraden schon um 4 Uhr aufgestanden, um bis zum Wecken noch zu arbeiten (Ich möchte aber nicht wieder bedauert werden).
Gestern war ich an Land, habe große Schläge gestaut und eingekauft. Zuerst einmal in der Eisdiele den Durst gestillt, dann im Restaurant zwei Stamm- und ein Fischgericht verzehrt. Anschließend bin ich in ein Kino gegangen. Es wurde der Film „Paracelsus“ gezeigt. Der Urlaub war vollkommen ausgenutzt, als ich kurz vor 23 Uhr wieder in der Kaserne anlangte.
Heute am Sonntag, ist daher viel Arbeit, Schreiben und Seesack packen, aber nicht aus Strafe, wir gehen nämlich morgen auf Reisen. Ja, da staunt Ihr, was? Aber seid beruhigt, der Lehrgang ist noch lange nicht zu Ende. Nein, wir haben eine Woche, bis zum 29. Ernteurlaub. Gott sei Dank, eine Woche keinen Exdienst, keinen Seesack packen!! Eure Post, vor allem die Pakete, werde ich dann erst am nächsten Sonnabend in Empfang nehmen können. Hoffentlich ist dann ordentlich was hier.
Ja, wie geht es Euch nun? Vor allem Dir, lieber Papa? Hoffentlich doch sehr gut!!! Ich kann von mir darüber nur das Beste berichten. Was macht bei den beiden Lümmels die Schule? Hattet Ihr in der letzten Zeit viel Fliegeralarm? Da könnt Ihr ja gleich Eure neugebauten „Bunker“ ausprobieren.

Für heute bleibe ich mit den besten Wünschen und den herzlichsten Grüßen,

Euer Horst

Mürwik, 22. August

Ihr lieben Alle!

In den nächsten Tagen geht dieses Paket ab, hoffentlich werdet Ihr es dann auch bald erhalten! Es enthält alle Sachen, die ich im Spind vorläufig noch entbehren kann, die mir beim Seesack packen usw. nur lästig fallen. Auch das kleine Album, was noch unterwegs ist, wird zurückkommen.
Das Mützenband, die Nagelbürste und die Zahnpasta hebt bitte für andere Zeiten auf. Die Kleiderbürste kommt natürlich wieder in mein Fach. Sie ist ja meine!
Seife oder ähnliches braucht Ihr mir nicht zu schicken. Von Rümmer ist auch schon wieder ein Päckchen unterwegs.
Für heute viele herzliche Grüße,

Euer Horst

Mürwik, am 29. Aug. 43

Liebe Eltern und Brüder!

Gestern kam ich vom Ernteeinsatz zurück. Es waren herrliche fünf Tage gewesen. Ich habe zwar tüchtig arbeiten müssen, aber zu essen bekam ich mehr als genug. Die ersten beiden Tage wurde eingefahren und sofort gedroschen (Jeder Bauer hat hier eine winzige Dreschmaschine).

Zuerst habe ich Kornsäcke geschleppt, verdammt, das war eine harte Arbeit, dann habe ich die Garben vom Wagen heruntergereicht. Die restlichen Tage (Die Ernte war vollkommen in der Scheune) wurde ich dann mit allerhand Aushilfsarbeiten beschäftigt. Der Regen kam dann auch noch am Mittwoch mit einem Gewitter, wie ich es bei Euch noch nicht erlebt hatte. Blitz folgte auf Blitz.

Als wir abfuhren, sollte ich noch allerhand mitnehmen. Ich habe alles dankend abgelehnt, da ja wohl inzwischen Eure Päckchen angekommen sein mussten. Geld bekamen wir nicht.

Gestern kamen wir hier nun wieder an. Bei der Postausgabe erhielt ich vier Päckchen und acht Briefe. Die Päckchen sind alle von Euch. Es sind Nr. 4, 5, 6, 7. Alles war, bis auf den Käse, in bester Ordnung. Für alles meinen herzlichsten Dank.

Wenn Ihr in Zukunft Päckchen schickt, tut keine verderblichen Sachen hinein. Wir bekommen hier dann auch eins auf den Hut. Hoffentlich wird daher das Päckchen 3 mit den Pfirsichen nicht mehr ankommen, da sehe ich ja bestimmt sehr schwarz. Die sind doch inzwischen schon vollkommen vergammelt. Jetzt ist bis auf zwei Päckchen von Rümmer alles heran.

Briefe bekam ich von Euch, Papa, Schneiders, Askam, Rümmer, Brodthuhn, Saarbrücken, Schesmer. Da habe ich ja in der kommenden Woche wieder was zu schreiben.

Heute erhielt ich zu allem Überfluß auch noch mein Geburtstagspaket. Euch allen meinen allerherzlichsten Dank dafür. Die Schuhe passen ausgezeichnet. Dir, lieber Papa, für die 20 Mk. meinen Dank. Du hättest sie aber lieber dort behalten sollen, hier wird doch alles sofort umgesetzt. Und wenn ich nichts habe, kann ich nichts ausgeben!! Den Kuchen habe ich noch nicht

probiert. Wenn Ihr meinen Spind sehen würdet, Ihr würdet staunen, alles ist geproppt voll. Heute zur Ronde muß ich mich schon verdrücken, höchstwahrscheinlich werde ich brausen. Didi schickte mir einige Briefmarken mit. Ich lege sie bei. Es sind vier Stück. Steckt sie bitte in eines meiner Hefte. Darf ich Euch bitten, den diesjährigen Nachtrag zu bestellen, wenn es dazu nicht schon zu spät ist!!
Mit Logbuchschreiben und anderen Arbeiten habe ich den heutigen Nachmittag verbracht. Jetzt will ich erst einmal ordentlich spachteln.
Mit vielen herzlichen Grüßen und nochmals dem besten Dank für alles Leckere und Gute bleibe ich

Euer aller Horst

N.S.: Ist Papa schon wieder zu Hause? H.

Mürwik, am 3. Spt. 43

Liebe Eltern und Brüder!

Wir sind augenblicklich mitten in der Werkstattbesichtigung. Eben ist nur Mittagspause.
Am Vormittag habe ich dem „großen Admiral“, dem Kommandeur der MKS, in der Gasschweißerei etwas vorgeblitzt. Es ist alles gar nicht so schlimm geworden, wie wir es schon Tage vorher geübt und gebimst hatten. Bis in die Nächte hinein haben wir die Werkstatt-Themen gelernt, daß uns der Kopf rauchte. Unsere Sachen haben wir gebügelt und vorher gewaschen, und in der Werkstatt haben wir die Schutzanzüge an. Deshalb habe ich auch längere Zeit nichts von mir hören lassen können.
Euer Paket 3 mit den Pfirsichen kam hier vollkommen

vergammelt an. Ich möchte so etwas nicht noch einmal erleben!!! Zum Geburtstag wünsche ich mir nur noch ein Paket, und zwar mit der Bahn und per Expreß, dann dauert es nur fünf Tage. Kuchen und Äpfel (15), wenn es Euch möglich ist. Legt bitte ein paar Strumpfhalter bei, aber nicht die besten. Wenn es geht, auch noch ein paar Pantoffeln oder gute Filzschuhe! Das Fleisch habe ich heute aufgekriegt. Es hat mir gut geschmeckt. Schickt aber bitte keines wieder! Die beiden anderen Büchsen stehen noch im Spind. Von Halle habe ich letztens auch ein Päckchen mit Leckereien erhalten.
Morgen, Sonnabend, habe ich mit noch drei Kameraden und dem Korporal den ganzen Tag Streife, also mal wieder keinen Ausgang!!!
Euch nun alles Gute wünschend grüßt Euch herzlich

Euer Horst

Mürwik, am 5.9.43.

Lieber Helmut!

Hab‘ recht herzlichen Dank für Deinen lieben Brief (17), den ich heute erhielt. Ich habe mich sehr über Deine ausführlichen Schilderungen gefreut und erkenne daraus, daß Euer Dienst noch immer auf Zack ist. Ist Dieter Hauptjungzugführer? Wenn ja, dann soll er mir eine Anmeldekarte für das Kriegsbetreuungswerk des Reichsleiters v. Schirach vom Bann besorgen. Ich will mich dann von diesem Werk betreuen lassen. Dein Paddelsport macht Dir wohl einen Riesenspaß? Versäume jetzt aber nicht die Schule!!!
Die Besichtigung ist ganz gut verlaufen. Die anderen Züge haben bis in die Nacht hinein „Bergfest“ gefeiert. Der vierte Zug kam am anderen Morgen erst zum

Kaffeetrinken wieder. Wir, der dritte, werden dies Fest am Freitag nachholen. Schnaps haben wir schon. Hundert Liter Bier sind auch schon bestellt, und den Kuchen bekommen wir auch. Ich werde dann ein Lied singen und etwas über den „Matrosen II“ vortragen. Am anderen Freitag wird Geburtstag und am Sonntag 19.9., Gruppenabend gefeiert. Es ist hier jetzt ein doller Betrieb.
Viele Grüße Euch allen

Dein Horst

Mürwik, am 11. Sept. 1943

Lieber Hans-Dieter!

Deinen Brief Nr. 18 habe ich vor einigen Tagen dankend erhalten. Er brachte mir allerhand Neuigkeiten und vor allem einige Enttäuschungen. Aber darauf will ich heute nicht eingehen.
Gestern Abend haben wir mit unserem Zug einen Zugabend oder das sogenannte Bergfest gefeiert. Bergfest deshalb, weil wir jetzt über den Berg hinweg sind. Ich werde nämlich in eineinhalb Monaten abkommandiert, höchstwahrscheinlich kommen wir auf ein Dickschiff. Die nötigen Sachen zum Bergfest waren alle vorhanden. Wir hatten Schnaps, Bier (100l), bulgarischen Rotwein und auch Weißwein. Zum Abendbrot bekamen wir eine Sonderzulage. Unsere Kuchenmarken hatten wir auch übergespart. 40 Pfund hatten wir zusammen bekommen. Das Fest wurde dann aber auch vollkommen danach. Zuerst war der Kompaniechef noch unser Gast, aber der ist nachher weggegangen. Und dann ging es los. Eine Bierzeitung hatten wir auch aufgestellt. Ich habe auch einen kleinen Beitrag dazu geleistet. „Der Matrose II“.

Ich habe mit ihm, als ich ihn vortrug, allerhand Beifall geerntet. Mitgesungen habe ich auch einige Male. Um 1 Uhr waren fast alle blau. Oben auf dem Klavier saß ein Obermaat, die anderen beiden grölten in der Messe herum. Draußen ging es dann auf dem Exerzierplatz im Paradeschritt singend durchs Gelände. Ich war im Verhältnis zu anderen noch sehr nüchtern und habe mich über meine Kameraden und Vorgesetzten köstlich amüsiert. Um halb 3 Uhr wurde immer noch in der Kaserne herumgetollt. Leider muß ich nun schließen, ich habe um 8 Uhr Brandposten.
Viele herzliche Grüße Euch allen,

Euer Horst

Mürwik, am 23. Spt. 43.

Ihr lieben Alle!

Zuerst möchte ich Euch allen noch einmal meinen allerherzlichsten Dank für die Glückwünsche und Geschenke zu meinem Geburtstag aussprechen. Ich habe mich über alles sehr gefreut und habe mir die Süßigkeiten zusammen mit meinen Kameraden und dem Korporal sehr gut schmecken lassen. Wir hatten am Freitag bis halb 1 Uhr gefeiert. Die nötigen Flüssigkeiten hatte der Matrose Horst Hapke, der auch mit mir zusammen Geburtstag hatte, und auch mit mir auf einer Stube liegt, herbei geschafft. Aber auch der Donnerstag sah schon nach Geburtstag aus, ohne daß ich es wollte. Am Abend hatte ich mit noch sieben Kameraden der Kompanie eine Eintrittskarte zu einem Vortrag des Eichenlaubträgers W. Töniges, der hier an der Marineschule Kompaniechef ist, bekommen. Am Sonnabend begann der Dienst aber wieder in vollem Umfange. Um

13 Uhr zog unsere Gruppe auf Wache, die bis Sonntag 9 Uhr dauern sollte. In der Nacht hatte ich zwei Stunden geschlafen, in der übrigen Zeit stand ich entweder Wache oder war Läufer. In der Nacht habe ich von 11-1 Uhr und von 3-5 Uhr ordentlich gefroren. Am Sonntag wurden dann die nötigen Arbeiten erledigt. Inzwischen ist nun schon wieder eine Woche vergangen, einige wenige werden noch vergehen, dann ist die Zeit unserer ersten Ausbildung auch vorüber, und gerade deshalb gibt es furchtbar Druck.

Meine graue Hose ist an den Knien vollkommen entzwei, jetzt habe ich eine weiße an, die schon nicht mehr weiß ist. Das Wetter ist in den letzten Tagen alles andere als warm. Wir haben schon einen dicken Pullover an. Wenn wir nachher zum Unterricht gehen, ziehen wir auch noch einen Überzieher an. Heute, am Freitag, haben wir Unteroffizier-Unterricht, Chemie und Zeichnen. Die Zeichnungen müssen wir heute abgeben.

Gestern haben wir beim Geländedienst einen tollen „Marine-Buschkrieg" gemacht. Wir hatten die Aufgabe, ein besetztes Haus zu stürmen. Jeder hatte mehrere Schuß Platzer und auch zwei Übungshandgranaten mit Puffzünder empfangen dazu hatten wir auch noch zwei Maschinengewehre. Es war eine wüste Knallerei. Leider haben wir diesen Dienst nur einmal in der Woche.

Am Montag habe ich ein Päckchen abgeschickt. Es enthält den Schlafanzug, den ich vorläufig nicht mehr haben will, meine Bierzeitung mit meinem „Matrosen II", Kamm, Hautcreme und Brillantine. Letzteres könnt Ihr, wenn Ihr es unbedingt benötigt, benutzen. Die Bierzeitung legt aber im Fremdenzimmer in mein Fach.

Ein Päckchen oder ähnliches schickt bitte in nächster Zeit nicht mehr, wir werden bald abkommandiert. Wenn ich unter den Besten bin, komme ich auf ein Kleinschiff, andernfalls auf ein Dickschiff, ein

Schulschiff. Heute bekam ich wieder einen Brief von Herrn Schesmer. Ich soll Euch von ihm die herzlichsten Grüße übersenden. Wie geht es Euch allen noch? Was macht Papa? Wo bleibt meine Anmeldekarte für die Kriegsbetreuung? Dieter? Ist Schoppe schon vom RAD entlassen? Kommt Bornschein auch hierher? Laßt bald einmal etwas von Euch hören. Wenn es Euch möglich ist, schickt bitte ein Päckchen mit etwas Rümmerscher Seife, in den letzten Tagen wird noch einmal ganz große Wäsche sein. Für heute bleibe ich mit vielen herzlichen Grüßen

Euer Horst

Mürwik, 24.9.43

Ihr lieben Alle!

Euren Brief habe ich heute mit meinem herzlichsten Dank in Empfang genommen.
Über den Geburtstag habe ich Euch gestern schon unterrichtet. Mit Dieter ist es ja eine tolle Sache. Hoffentlich sind die beiden Patienten bald wiederhergestellt! Ist Papa noch im Marienstift? Wie lange noch? Das Wilhelmchen von Sisbeck gefallen ist, habe ich seinerzeit von Liesbeth erfahren. Für den Honig habe ich mich noch nicht bedankt, auch habe ich keine Beileidskarte geschickt. So viel Zeit kann ich jetzt für meine Korrespondenz nicht mehr opfern. Wir haben jetzt schwer zu lernen, um nicht beim Unterricht oder im Dienst aufzufallen.
Die Sache mit Weihnachten liegt folgendermaßen: In Kürze werden wir abkommandiert, entweder auf ein Dick- oder Kleinschiff. Im ersteren Fall wird es ein Schulschiff sein. Komme ich dorthin, so besteht

höchstwahrscheinlich auch die Möglichkeit daß ich um Weihnachten bei Euch zu Hause bin. Ihr braucht dann also kein Päckchen oder ähnliches zu schicken. Im zweiten Fall wird es ein Zerstörer oder ein anderer Pott sein, auf den wir kommandiert werden könnten. Hier gibt es natürlich keinen Urlaub, da jedes Besatzungsmitglied unabkömmlich ist. Auf ein solches Kleinschiff sollen die neun Besten der Kompanie kommen. Vielleicht bin ich unter diesen, vielleicht auch nicht. Jedes hat seinen Vor- und Nachteil.
Heute Abend sollten wir wieder mit Seesack und Gasmaske heraustreten. Ich hatte schon meine Sachen fein in Päckchen verstaut, damit nicht alles durch-einander wirbelt. Eben beim Abendbrot wurde aber das ganze Manöver abgeblasen. Wieder umsonst geschuf-tet!!!
Euch allen nur das Beste wünschend bleibe ich mit den herzlichsten Grüßen

Euer Horst

Mürwik, am 28. Sept. 43

Lieber Dieter!

Vor wenigen Augenblicken erhielt ich Deinen Brief (21). Da ich in einer halben Stunde, ab 22 Uhr, noch zwei Stunden MvD (Matrose vom Dienst) gehen muß, will ich diese Zeit benutzen, Deinen Brief zu erwidern.
Zuerst recht herzlichen Dank für die Neuigkeiten, vor allem für die dienstlichen. Wie war denn Euer Jungstammappell in Wendhausen? Wie habt Ihr das Ding eigentlich gedreht, eine Dienststelle zu bekommen und wo ist sie? Es freut mich sehr, daß die Fähnlein-kartei so weit in Ordnung ist. Hoffentlich klappt der

elende Papierkrieg unter Deiner Leitung jetzt besser als in vergangenen Zeiten! Wer führt jetzt eigentlich die Jungzüge im Fähnlein? Wie arbeitet eigentlich Karl Kassel? Ist er noch wie früher oder hat er sich zur Ruhe begeben?
Meinen Dank auch für Deine Bemühungen für das Betreuungswerk. Das HJ.-S. kannst Du weglegen, aber so, daß wir es nicht wiederfinden. Es müßte ja eigentlich auf mein HJ.-L. auf dem Bann inzwischen angekommen sein. Erkundige Dich bitte einmal nach dem Pamphlet!!!
Wenn Ihr mal wieder die Kriegsmarinen erhaltet, schickt mir bitte eine davon! In den üblichen steht ja nichts drin.
Von mir persönlich habe ich nicht viel Neues zu berichten. Am Sonntag kamen hier die ersten Neulinge an. Unter ihnen befand sich auch Peter Bornschein. Mithin sind wir jetzt schon „alt“ geworden. Schoppe und Lobert werden inzwischen wohl auch wieder eingezogen sein. Fritz hatte auf meinen Brief noch nichts wieder von sich hören lassen. Anfang November kannst Du Dich ja mal nach seiner Anschrift erkundigen. Ich werde dann auch eine andere haben. Höchstwahrscheinlich eine Feldpostnummer.
Mit der Infanterieausbildung sind wir jetzt, Gott sei Dank, fertig. Bis zur Besichtigung wird nur noch wiederholt und tüchtig geübt. Vor allem die Gewehrgriffe, bei denen es jetzt schon wüst knallt. Morgen werden wir wohl Handgranaten werfen. Dann müssen wir noch eine Bedingung Gewehr schießen, und auch mit dem MG werden wir scharf schießen. Die Ausbildung und das Exerzieren an diesem Instrument war fantastisch.
Wie ist bei Euch das Wetter? Hier ist es schon lausig kalt. Ich benötige aber trotzdem keine Wollsachen. Wir

haben hier genügend Sachen empfangen. Frau Oppermann kann ja dafür etwas anderes mitbringen, aber nicht mehr nach dem 20.10., da ich dann vielleicht nicht mehr hier sein könnte. Wie das mit meiner Post ist, weiß ich nicht. Habt Ihr meine Briefe Nr. 12, 13, 14 noch nicht erhalten? Frankierte Post darf ich auf keinen Fall schicken.
Euch allen viele herzliche Grüße und alles Gute,

Euer Horst

Mürwik, am 7.10.43

Ihr lieben Alle!

Heute erhielt ich von Dir, liebe Mama, den Brief Nr. 23. Meinen herzlichsten Dank dafür. Über die Nachrichten vom Terrorangriff war ich so einigermaßen instruiert. Es ist höchstwahrscheinlich doch schlimmer ausgegangen, als ich vorher angenommen hatte.
Papa ist auch nicht zu Hause? Hoffentlich wird er in Bad Oeynhausen die nötige Gesundheit wiederbekommen!
Wie sieht es in Dibbesdorf noch aus? Ist schon wieder jemand eingezogen? R. Wolter wäre ja an der Reihe.
Daß Ihr mein Päckchen erhalten habt freut mich. Was habt Ihr über den Inhalt gesagt? Wie hat Euch die Bierzeitung gefallen?
Ich schicke Euch heute wieder zwei Bilder mit, die zwei Tage nach meinem Geburtstag, also am 19.9., aufgenommen wurden. Es sind darauf meine Stubenkameraden, einer ist gerade im Revier. Der Matrose links neben mir ist Horst Hapke, der auch am 17. September 18 Jahre alt wurde. Der im Pullover ist Horst Dreier aus Pommern, der andere Gerd Schaude aus

Graz. Ihr seht, schon auf unserer Stube sind fast alle Gegenden Deutschlands vertreten. Die Aufnahme ist vor der Baracke aufgenommen. Links ist das Fenster unserer Stube, also gerade kurz vor dem Eingang.
Die Zeit, die wir hier zusammen waren, ist jetzt auch schon absehbar. Die Besichtigung in allen Dienstvorkommnissen findet für unsere Kompanie am 20.10. statt. Schon heute bereiten wir uns auf diesen Tag vor. Das Grauzeug muß gewaschen und gebügelt werden. Wir ziehen es schon gar nicht mehr an, sondern exerzieren im mehr schwarzen als weißen Takelzeug. Auch im Unterricht wird so langsam alles abgeschlossen und wiederholt. Beim Exdienst geht es jetzt immer schändlich rund, wenn einmal etwas nicht so hinhaut, wie es der ZO haben will. Heute Vormittag kamen wir zum Beispiel gar nicht klar. Aber im Gedanken daran, daß wir in kurzer Zeit alles hinter uns haben, lassen wir uns den frohen Mut nicht nehmen.
Die Abkommandierungen sind dann zwischen dem 25. und 31.10. Wo ich hingelange weiß ich noch nicht. Briefe, die nach dem 25. hier ankommen, gehen wieder zurück.
Am Sonntag haben wir schon wieder einen Gruppenabend. Hoffentlich wird die nötige Stimmung aufkommen!
Sonst habe ich von mir nichts mehr zu berichten. Mir geht es in allem gut, was ich auch von Euch hoffe.
Für heute grüßt Euch alle herzlichst

Euer Horst

Z-34

am 16. Oktober 1943

Ihr lieben Alle!

Wie ich Euch vor einigen Tagen mitteilte, bin ich nun auf einen Zerstörer irgendwohin abkommandiert.
Inzwischen sind wir hier angekommen und machen auch schon etwas Dienst mit. Ich bin von diesem Betrieb sehr, sehr angenehm überrascht. Wir schlafen im Heizerdeck bei Obergefreiten, usw. Ich habe Gott sei Dank eine Hängematte erwischt. Heute Morgen habe ich sie zum ersten Mal gezurrt. Es schläft sich ausgezeichnet darin. Die Verpflegung ist wesentlich besser als in Mürwik, die ja ohnehin auch schon ausgezeichnet war. Ihr braucht also nichts mehr zu schicken. Ich weiß nicht, wo ich mit all diesen Sachen hin soll. Der Spind ist jetzt aus Raummangel an Bord nur noch ein winziges kleines Loch.
Habt Ihr mein Paket mit den Pamphleten von Mürwik schon erhalten? Hebt sie bitte gut auf! Den Aschenbecher habe ich heimlich in der Kupferschmiede zurechtgezimmert.
Leider werde ich hier sehr wenig Zeit haben, um Euch regelmäßig zu schreiben. Sollte sich jemand nach mir erkundigen, so sagt ihm dies bitte! Wie geht es Euch nun? Was macht Papa? Mir geht es gut. Erkundigt Euch bitte einmal nach der Anschrift von Schoppe! Er hatte mir noch nicht geschrieben. Mit vielen herzlichen Grüßen bleibe ich

Euer Horst

am 24. Oktober 1943

Liebe Eltern und Brüder!

An Bord - auf See! Zwei herrliche Begriffe, für Euch unvorstellbar, für mich schon etwas bekannter. Seit fast einer Woche habe ich schon kein Land mehr gesehen, aber auch kein Wasser, das heißt nur immer wenige Minuten, so paradox es Euch auch klingen mag. Wie Ihr ja wisst fahre ich, meiner Laufbahn gemäß, in der Maschine, und zwar im Hauptmaschinenraum, dem Turbinenraum T2. Von hier leitet der LI (Leitende Ingenieur) bei Gefechten die Maschinenanlage mit Kesselräumen, E-Werken und Turbinenräumen. Der Dienst hier unten ist nicht sehr schwer, ich bin BÜ (Befehlsübermittler), stehe also immer am Telefon und nehme Befehle, die von der Brücke kommen, entgegen, vielmehr, das soll ich machen. Bis jetzt habe ich immer einen Kameraden vertreten müssen. Habe unten im Pumpenkeller einen ganzen Mann stehen müssen. Bei dieser praktischen Arbeit, oder besser gesagt, Dienst, der täglich zwei mal vier Stunden dauert, haben wir Anwärter noch so viel Unterricht, daß wir an manchen Tagen überhaupt nicht klar kommen.
Heute, am Sonntag, haben wir in den vergangenen Tagen verloren gegangenen Unterricht in unserer Freizeit nachholen müssen. Für uns war es also kein Sonntag. Wache unten im Betriebsraum hatten wir von 8-12 Uhr, am Nachmittag war Unterricht und jetzt am Abend gehen wir von 20-24 Uhr Wache. Danach werden wir wohl noch Kino machen. Ja, Kino haben wir auch, sogar Tonfilm. Es ist zwar ein sehr kleiner Apparat, aber für unsere kleinen Verhältnisse genügt er vollkommen, und die Hauptsache ist ja doch, wir sehen neue und beliebte Filme. Morgen wird höchstwahrscheinlich in irgendeinem Hafen die Ankerkette rasseln,

und die erste Seefahrt ist damit für mich beendet. Alles war für mich neu, zumal ich erst drei Tage an Bord war. Jetzt werdet Ihr lachen: die ersten beiden Seetage war ich seekrank, ulkig, nicht wahr? Ich war seekrank, obwohl überhaupt kein Seegang war. Später aber, als der Wind etwas aufbrieste, und die See etwas höher ging, war ich wieder gesund, konnte essen und brach vor allem nicht jeden gegessenen Happen wieder aus. Und was haben wir für Essen bekommen! Ihr macht Euch keine Begriffe. Morgens Puddingsauce, mittags Pudding, abends sehr viel und gutes Zubrot, vor allem Butter und nachts nach der Ablösung noch einmal eine kräftige Suppe. Viel, was? Ja, da staunt Ihr! Während meiner Seekrankheit habe ich dies alles weggeben müssen. Ich hatte rein gar nichts mehr im Magen.
Wie geht es Euch nun? Papa vor allem interessiert mich sehr. Ist er noch weg? Wie sieht es sonst noch in Dibbesdorf und Umgebung aus? Was machen die Fliegeralarme? Wie geht es den beiden in der Schule? Was macht der Dienst? Schreibt mir bitte einmal alles ausführlich. Vielleicht bekomme ich morgen einen großen Berg Post. Wenn ich jetzt nicht mehr so oft schreiben kann, so liegt es nur an der wenigen Zeit, ängstigen dürft Ihr Euch nicht, braucht Ihr auch nicht. Wie soll ich da froh sein können, wenn Ihr in Angst um mich lebt? Mit den allerherzlichsten Grüßen bleibe ich für heute

Euer Horst

am 27. Oktober 1943

Ihr lieben Alle!

Habe heute mit dem herzlichsten Dank Eure Briefe 25

und 26 und vorgestern den Brief 1 erhalten. Über Deinen Brief, liebe Mama, vom 12. Oktober war ich etwas in Braß gekommen, und zwar deshalb, weil ihr trotz meiner Mahnung Pakete abgeschickt habt, die Ihr nun total vergammelt zurück erhaltet. Wenn Ihr es auch nur gut mit mir meint, so verstehe ich Euch trotzdem nicht. Aber jetzt ist das, Gott sei Dank, aus. Ihr könnt jetzt nur Pakete auf Zulassungsmarken schicken, und die bekommt Ihr zur Strafe nicht von mir. Ich leide nicht darunter, denn ich führe in Ernährungssachen ein glänzendes Leben. Ich bitte Euch zum letzten Mal, schickt bitte nichts mehr, wenn ich es nicht ausdrücklich anfordere.
Von Papa habe ich noch keine Post. Sicher wird auch diese in Mürwik herumliegen. Wie lautet denn Papas Anschrift? Ihr hättet sie mir schon lange einmal mitteilen können! Es ist gut, daß Helmut der Lehrgang gefallen hat. Für die Ausführungen in Deinem Brief den herzlichsten Dank. Sehr viel Spaß hat Dir der große Fischzug gemacht? Wir haben, als wir draußen auf See waren, auch Fische gefangen. Aber auf eine andere Art und Weise. Und zwar so: Wir hatten noch einige alte Wabos an Bord, die sollten unbedingt weg. „Wumm, wumm" macht es zweimal. Der Pott ging sofort auf Gegenkurs, um an die Wurfstelle zurückzukommen. Und dort sahen wir die Bescherung. Fische aller Art und Größe wimmelten da an der Wasseroberfläche herum. Die Seemänner gingen sofort mit Flößen und Booten außenbords und brauchten nur so zu fischen, was bei dem Seegang nicht gerade leicht war. Ich hatte gerade das Glück, diesem ganzen Manöver zuzusehen, da ich gerade Freiwache hatte und an Oberdeck frische Luft schnappen wollte. Im anderen Falle hätte ich vor lauter Lärm der Turbinen vielleicht nicht einmal das Detonieren der Wasserbomben gehört. In den nächsten

Tagen gab es natürlich Fisch, Heringssalat, usw.
Mit vielen herzlichen Grüßen bleibe ich für heute

Euer Horst

am 28. Oktober 1943

Mein lieber Papa!

Heute erhielt ich Deinen Brief aus Bad Oeynhausen. Meinen herzlichsten Dank für die Zeilen, vor allem aber für die aufklärenden Sätze. Es waren mir keine neuen Tatsachen mehr. Schon in der Schule und jetzt vor allem in der Rekrutenkompanie wurden wir vom Kompaniechef und vom Oberstabsarzt eingehend darüber belehrt und auf die in der Wehrmacht bestehenden Strafen aufmerksam gemacht. Sicher hätte ich auch ohne dieses Wissen den geraden Weg nicht verlassen; denn noch nie habe ich ein Verständnis für die Handlungsweise anderer auf diesem Gebiet gehabt, und jedes Mal, wenn sie über ihre Taten berichten, vor allem hier jetzt an Bord, stiegt in mir ein Ekel auf. Ich kann es nicht begreifen, wie man so charakterlos und ungezügelt handeln kann. Also bitte, lieber Papa, Du brauchst Dich diesbezüglich nicht um mich zu sorgen, ich werde immer so handeln, wie es mir mein Herkommen und mein späterer Beruf gebietet. Dein Brief erreichte mich nicht mehr in Mürwik, sondern schon an Bord eines Schiffes, auf dem ich nun auch schon fast vierzehn Tage bin. Acht Kameraden und ich wurden schon eine Woche vor der Besichtigung abkommandiert.
Vieles habe ich in diesen beiden Wochen schon erlebt. Eine kurze mehrtägige Seefahrt habe ich, bis auf eine kleine Seekrankheit, auch sehr gut überstanden. Ich habe die See erlebt und den Betrieb an Bord

kennengelernt. Meinen Dienst versehe ich unten in der Turbine. Hier herrscht bei Fahrt immer ein gewaltiger Lärm, wogegen es in den Kesselräumen ungeheuer heiß ist.
Ich habe unten im Pumpenkeller eine ganze Reihe von Pumpen zu bedienen und zu überwachen. Das man hier gewaltig aufpassen muß ist wohl klar. Vor allem muß die Bedienung schnell und fehlerfrei klappen. Die Unmenge von Ventilen, Schiebern und das Durcheinander der vielen Rohrleitungen beherrsche ich schon so einigermaßen. Das Bedienen der vielen Maschinen, von denen ein Teil mir anvertraut ist, macht mir Spaß, auch wenn man dabei nie sauber bleibt und man manchmal auch sehr, sehr müde ist. Und das ist ja die Hauptsache, nicht wahr?
Auch heute Abend sitze ich wieder unten in meinem Turbinenraum „T2“, lerne hier auch wieder Themen und schreibe Deinen Brief. Oben im Deck wird Rein-Schiff gemacht. Außerdem wäre vorher bei dem Lärmen der Heizer kein Denken und Arbeiten möglich gewesen. Noch ein Kamerad ist mit hier unten. Er zeichnet den Speisewasserkreislauf mit den Turbinen, Pumpen, Kondensatoren, Kesseln und den vielen Ventilen, Schiebern und Schnellschlüssen. Ich habe diese Arbeit schon gestern erledigt. Gott sei Dank, daß ich das Pamphlet fertig gestellt habe!
Habt Ihr das Paket von Mürwik schon erhalten? Es war als Einschreibepaket von den Kameraden aufgegeben worden. Es enthielt mein Werkstättenbuch mit einer Bescheinigung, die ihr bitte lose darin einkleben wollt, Themenhefte und anderes. Hebt alles bitte gut auf, vielleicht kann ich später dies oder jenes davon noch einmal gebrauchen. Oder ich habe in diesen Sachen immer eine gute Erinnerung an meine Rekrutenzeit. Vielleicht kannst Du auch daraus sehen, wie wir

geschuftet haben, wenn wir alles neben dem täglichen Dienst, der von 7 bis 18.30 Uhr, bis auf eine sehr kurze Mittagspause durchging, erledigen mußten. Das wir manchmal in der Nacht noch gearbeitet haben und dann am nächsten Morgen müde zum Dienst heraustraten, war keine Seltenheit. Dies alles wird jetzt hier auf dem Boot mit Dienst und Unterricht fortgesetzt.
Indem ich hoffe, daß Dir die Kur die gewünschte Heilung gebracht hat, grüße ich Dich herzlichst und wünsche Dir für die Zukunft die beste Gesundheit.

Dein Horst

am 31. Oktober 1943

Ihr lieben Alle!

Heute erhielt ich Eure lieben Briefe Nr. 3 und vor wenigen Tagen Nr. 27 und 2. Für alles meinen allerherzlichsten Dank.
Ja, dies wird nun der letzte Brief aus dem Heimatgebiet sein. Schon seit Tagen bereiten wir uns mit allen Kräften auf eine voraussichtlich sehr, sehr lange Fahrt vor. Die Proviantübernahme läßt jedenfalls darauf schließen. Für ein halbes Jahr haben wir Verpflegung übernommen. Alle Arbeiten sind auch schon erledigt. Jetzt fehlt nur noch, daß wir erfahren, wohin diese Fahrt geht. Wir fragen uns dieses auch täglich, und die dollsten Gerüchte sind schon in Umlauf. Heute Mittag wurde dieses Rätsel vielleicht gelöst. Es wurden Pelze und Schneeschuhe übernommen. Anscheinend können wir dann morgen schon das Lied singen „Wildgänse rauschen durch die Nacht, mit schrillem Schrei nach Norden“. Aber es war schon oft so, daß im letzten Augenblick das Ruder auf Gegenkurs gelegt wird. Wir

wissen ja den wirklichen Befehl nicht. Also, es kann doch noch alles ganz anders kommen.
Heute haben wir Proviantzigaretten bekommen. Jeder bekam sechzig Stück für zehn Tage, morgen erhalten wir noch sechzig Stück aus der Kantine. Mithin bekommen wir am Tag zwölf Zigaretten. Ich rauch noch immer nicht. Meine Kameraden kaufen sie mir mit größter Freude ab. Ab und zu bekommen wir auch eine vorzügliche Tafel Schokolade. Wenn Ihr nun also längere Zeit keine Post erhaltet, so denkt bitte an den oben genannten Grund. Ängstigt Euch aber bitte nicht um mich, es wird schon schief gehen.
Eine Bitte hätte ich noch an Euch, hebt bitte alle Briefe, die ich Euch schreibe, auf. Sie sind später eine gute Erinnerung, wenn ich mein Logbuch weiterschreiben werde. Hier an Bord habe ich keine Zeit dazu.
Mit herzlichsten Grüßen und den besten Wünschen für die Zukunft bleibe ich

Euer Horst

Norwegen

am 8. Nov. 1943

Ihr lieben Alle!

Sind wir nun schon an unserem Bestimmungsort angekommen? Fast scheint es so, denn wir liegen hier nun schon seit einigen Tagen vor Anker. Neues bietet sich uns weiter nicht. Rings um den Fjord erheben sich steile Felsen, die heute Morgen mit Schnee bedeckt waren. Wir haben uns heute auch beim Antreten auf dem Steuerbord-Seitendeck geschneebällt. Überall kamen plötzlich die Bälle her, von achtern, vorn und den Aufbauten. Es hat uns allen mal wieder richtig Freude bereitet. So langsam richten wir uns auf das Leben hier oben ein. Es werden Bobs gebaut, Bärte sprießen, usw. Zu tun gibt es wenig. Die freie Zeit wird mit allerhand Unterhaltung vertrieben. Vor allem wird Kino gemacht. Vorgestern sahen wir „So ein Früchtchen“, gestern „Der Kleinstadtpoet“ und heute werden wir die Bilder von „Wir machen Musik“ genießen. Ab und zu machen wir auch Varieté. Jeder gibt dazu einen lustigen Beitrag. Hier gibt es immer sehr viel zum Lachen.
Letztens habe ich täglich Schokolade und Bonbons gegessen. Jetzt habe ich noch fast eine Tafel Schokolade und Keks, dabei gibt es schon wieder Keks und Pfefferminz in der Kantine.
Das deutsche Geld haben wir alles abgeben müssen, bekommen auch keines in die Finger. Vielleicht erhalten wir nur norwegische Kronen. Aber damit können wir auch nur sehr wenig anfangen, eine Stadt besteht nur aus sehr primitiven Holzhütten.
Vor Tagen sah ich in Narvik ein herrliches Nordlicht. Am Nordhimmel zogen sich Streifen in allen Farben herauf, die sich im Laufe der Zeit veränderten. Den Anblick dieses ersten Nordlichts werde ich nicht vergessen. Gestern war es schon um 4 Uhr dunkel. Als

ich um 6 Uhr als Posten Arrest aufzog, einen langen Mantel mit sehr hohem Kragen an, war es etwas heller geworden. Der Mond und die Sonne kommen nicht mehr über den Horizont heraus.
Wenn Ihr mir einen großen Gefallen tun wollt, so schickt mir etwas gegen die Langeweile, ich meine etwas zum Lesen. Wenn Ihr noch einige kleine, unterhaltende Heftchen bekommen könnt - keine Zeitungen - die lustig sind, vielleicht auch noch etwas lehrreich sind. Es sollen keine teure Pamphlete sein, es soll nur die Zeit vertrieben werden, schließlich kann man ja nicht immer stur herumsitzen oder schlafen.
Wie sieht es bei Euch aus? Die erste Post werde ich in diesem Jahr wohl kaum noch erhalten. Ach, hoffen wir das Beste! Wisst Ihr schon, wann Helmut Konfirmation hat? Schreibt es dann bitte sofort, vielleicht kann ich einen eventuellen Urlaub darauf einrichten, oder Ihr könnt Euch auf mich einrichten.
Für heute bleibe ich nun wieder mit den herzlichsten Grüßen

Euer Horst

am 11. Nov. 1943

Ihr lieben Alle!

Morgen früh um 8 Uhr bin ich nun schon vier Wochen an Bord. Wie war es damals doch, als wir in Swinemünde einstiegen? Damals war uns noch alles ein Rätsel, wir fanden uns in dem Durcheinander der Gänge und Abteilungen einfach nicht zurecht. Heute aber haben wir uns schon sehr gut eingelebt, wir fühlen uns wie zu Hause.
Die wenigen Tage fern der Heimat haben mich schon

sehr viel erleben lassen. Diese ersten Eindrücke von einem fremden Land werde ich nie vergessen. Zumal sie vollkommen anders waren, als wir uns es vorher vorgestellt hatten.
Gestern haben wir einen Ausflug gemacht. Draußen war es gewaltig kalt. Ein dicker Schal, zwei Paar Handschuhe und Supergalamonster-Strümpfe haben uns schön warm gehalten. Wir stiegen in die Berge, nicht weit, sondern gleich steil hoch. Gewaltig steigen direkt von der Küste aus die Felsen auf. Ganz kümmerliche Bäumchen stehen ab und zu auf den flachen Hängen, sonst sieht man nur Fels und nochmals Fels, besser gesagt, Schnee. Den nötigen Spaß haben wir bei „Feuerüberfällen“ auf die Offiziere gehabt. Den AO haben wir ordentlich gewaschen, daraufhin ist uns der LI ausgekratzt. Um halb 4 Uhr mußten wir schon wieder zu Hause sein, da es dann schon wieder fast dunkel war. Heute ist das Wetter wieder etwas wärmer. Am Nachmittag regnete es. Die Felsen sind auch nicht mehr so weiß. Sicher wird dies aber nur vorübergehend sein.
Unser deutsches Geld haben wir vor wenigen Tagen abgeben müssen. Als Wehrsold empfangen wir jetzt immer norwegische Kronen. Aber wo soll man hier etwas kaufen können, wenn die wenigen Menschen nur vom Fischfang leben und ein Dorf nicht aufzutreiben ist? Ach ja, wir werden schon unsere Zeit herumbekommen!
Wie sieht es nun bei Euch aus? Ist Papa wieder so einigermaßen wenigstens gesund geworden? Wer hatte eigentlich während seiner Abwesenheit in der Schule gewirkt? Haben Dieter und Helmut die Kaninchen gut über ihre schwere Zeit hinweggebracht? Oder ist wieder ein Teil eingegangen? Was macht bei Helmut die Schule? Ist er jetzt besser? Neugierig bin ich, was? Ihr werdet es aber verstehen, 14 Tage habe ich schon keine

Post erhalten. Wie lange muß ich nun noch warten?
Mit den allerherzlichsten Grüßen bleibe ich

Euer Horst

am 14. November 1943

Liebe Eltern und Brüder!

Heute, am Sonntag, finde ich wieder etwas Gelegenheit Euch wieder einmal zu schreiben. Eigentlich sollten wir heute die erste Post bekommen, sie blieb aber aus. Den Gerüchten nach soll sie jetzt Mitte der Woche hier eintreffen. Schließlich haben wir ja über zwei Wochen keine Post mehr erhalten. Aber sicher werden wir uns an diese Zustände gewöhnen müssen.
Neues hat sich hier oben bei uns nicht ereignet. Mir geht es ausgezeichnet. Wir unter 21 Jahren erhalten jetzt noch zusätzlich in zehn Tagen 100 gr. Wurst. Dafür bekommen wir aber dreißig Zigaretten weniger. Heute gab es Bohnenkaffee. Herrlich hat dieser geschmeckt. Nachher gibt es noch Pudding mit Vanillesauce.
Ich habe das Gefühl, als ob ich hier gewaltig zunehme und stärker und größer werde. Na ja, bei dieser herrlichen Verpflegung!
Wie sieht es bei Euch aus? Ist Helmut schon mit der Schulklasse verschickt worden? Hoffentlich steht er dann unter einer ordentlichen Aufsicht durch die Lehrer. Aber sicher wird er doch jetzt so viel Ehrgeiz besitzen, vor den neuen Klassenkameraden gut hervorzutreten.
Was machen die Bastelarbeiten unter Dieters Leitung? Habt Ihr schon etwas zuwege gebracht? Die Schwierigkeiten der Materialbeschaffung waren doch wieder sehr groß, was? Ist Dein Schnellboot schon fertig, oder liegt es noch unvollendet im Schrank?

Was macht überhaupt der ganze DJ-Dienst? Waren am 9.11. Beförderungen, welche? Was machen die Unterstände in Dibbesdorf? Wo habt Ihr die eigentlich angelegt? Mein Fahrrad interessiert mich nun noch. Wer benutzt es jetzt? Oder habt Ihr es beiseite gestellt? Aber wehe Euch, wenn Ihr es kaputt fahrt!
Wie geht es Euch nun persönlich? Wie geht es vor allem Papa und Dieter gesundheitlich? Papa ist doch schon wieder eine Woche zu Hause. Mama wird wohl noch genau so emsig arbeiten wie früher. Ja, die Arbeiten der Zeugwäsche und des Zeugdienstes habe ich jetzt an Bord gründlich kennen gelernt. Mit welchen geringen Mitteln und in welch kurzer Zeit dies manchmal bewältigt wird, ist oft erstaunlich. Ich war diesmal sehr neugierig, was?
Mit vielen herzlichen Grüßen bleibe ich auch heute wieder

Euer Horst

am 27. November 1943

Liebe Eltern und Brüder!

Heute erhielt ich die erste Post von Euch. Es waren die Briefe Nr. 4 und 5, einer von Rümmer und vom Bann einen Soldatenbrief mit einem netten Buch. Über alles hatte ich mich sehr gefreut. Schließlich habe ich ja auch genau vier Wochen keine Post erhalten. Aber das wird jetzt wohl oft vorkommen!
Auf Eure Briefe eingehend habe ich Euch folgendes mitzuteilen: Eine Zeitung brauche ich hier nicht. Sie wird ja doch veraltet sein, wenn sie hier oben ankommt. Was ich gern zum Lesen hätte, habe ich Euch ja schon mitgeteilt. Zulassungsmarken werdet Ihr vorläufig nicht

erhalten. Erstens habe ich kein Verlangen nach irgendwelchen schönen Leckereien. Zweitens sind ja noch eine ganze Anzahl Pakete unterwegs, die hoffentlich nach Euch zurückkommen. Mein Paket wird jetzt wohl schon angekommen sein. Wenn nicht, dann teile ich Euch jetzt mit, was darin enthalten war: Mein Werkstattbuch, ein selbstgeschmiedeter Aschenbecher, Themenhefte, drei Kleiderbügel und ein Einmachglas, außerdem alte Post.
Es wurde von den Kameraden als Einschreibe-Paket aufgegeben, da ich selbst hierzu keine Zeit mehr hatte. Werkstattbuch und Themenhefte lassen sich nicht ersetzen. Der Gutschein ist noch bei den Kameraden. Eines hat mir an Deinem Brief, liebe Mama, nicht gefallen. Du schreibst von Bombenangriffen und behauptest, daß Hannover mehr gelitten hätte als Hamburg. Dies ist wieder nur ein Gerücht, denn ich habe Hamburg gesehen! Auf Deinen Brief, lieber Papa, eingehend hast Du Dich hinsichtlich Deiner Annahme über meine Feuertaufe geirrt. Unser Kurs lag damals vollkommen anders. Wohin es ging, ist ja auch bekannt.
Sehr bedauerlich finde ich es, daß der erhoffte Heilerfolg Deiner Kur ausgeblieben ist. Hoffentlich bist Du aber doch etwas gebessert zurückgekehrt! Vielleicht aber wird Dir Deine Selbstkur helfen. Ich wünsche es Dir bestimmt.
Wie steht Helmut und vor allem Ihr nun zu dessen Harzfahrt? Sicher wird er neben der Schule dort einen herrlichen Winter erleben! Auch wir kraxeln hier sehr viel in den schneebedeckten Bergen herum, die allerdings die Harzhügel weit in den Schatten stellen. Indem ich mich für die Briefe und auch die Bilder nochmals bedanke, bleibe ich mit den herzlichsten Grüßen

Euer Horst

am 30. Nov. 43

Liebe Eltern und Brüder!

Bestätige den Empfang des Briefes Nr. 6, vom 9.10. von Oeynhausen, und des Päckchens Nr. 14, die ich bei der gestrigen Postverteilung erhielt. Für alles meinen herzlichsten Dank. Der Honigkuchen ist sofort verzehrt worden. Es war gerade das Brot an Bord alle geworden. So half ich mir aus der Patsche.
Es freut mich sehr, daß mein Paket angekommen ist. War denn das Einmachglas noch ganz? Ich hätte es jetzt hier gut gebrauchen können. Um dies lösen zu können, muß ich Euch schon um ein Päckchen bitten. Schickt mir bitte ein solches. Ich benötige eine Blechbüchse, wie sie Mama auf den Kommoden stehen hat. Ich glaube, es waren darin einmal Kaffeebohnen. Für diese Kostbarkeit benötige ich sie allerdings nicht. Wir trinken den Bohnenkaffee sofort auf. Ferner brauche ich zwei Tüten, vielleicht jene doppelten Zwiebacktüten. Ich will die Brötchen und das Gebäck dort hinein tun, um nicht sofort alles aufessen zu müssen. Ferner noch einige kleine und große Feldpostbriefe, vielleicht auch etwas anderes Briefpapier. Außerdem noch Klebstoff und ganz wenig Wäschestärke, um die Bändsel am Exerzierkragen stärken zu können. Wenn dann noch einige Gramm übrig sind, na ja, dann legt noch etwas Leckeres bei! Bedenkt aber, daß das Päckchen sehr lange unterwegs sein wird. Ich lege also zwei Zulassungsmarken bei, ebenso zwei Luftpostmarken. Auf einen Feldpostbrief braucht Ihr nur eine Marke, auf einen gewöhnlichen müsst Ihr zwei kleben. Hebt sie Euch für wichtige, dringende Mitteilungen auf!
Gestern erhielt ich auch noch einen Brief von Schneiders, Schoppe und Herr Schesmer, eine Zeitschrift von Schneiders und sogar zwei von Eichelmanns.

Von Schoppe und Herr Schesmer soll ich grüßen! Wie sieht es bei Euch nun noch aus?
Augenblicklich schneit es hier nun wieder. Liegt bei Euch auch schon Schnee? Morgen sehen wir wieder Kino, „Eine Nacht im Mai“. Am letzten Mittwoch sahen wir „Frau Luna“ mit den Melodien Paul Linckes. Am Sonntag waren wir auch wieder in den Bergen. Zwei Stunden nur, weil es diese nur noch hell ist. Kurz nach 13 Uhr ist es schon wieder fast dunkel.
Es grüßt Euch alle nun herzlichst

Euer Horst

am 18. Dezember 1943

Liebe Eltern und Brüder!

Ich warte nun schon drei Wochen wieder auf Post. Hoffentlich werdet Ihr meine Briefe immer pünktlich erhalten haben! Ja, und in diesen drei Wochen habe ich keinen Augenblick Zeit gefunden, Euch einige Zeilen zukommen zu lassen. Nehmt es mir bitte nicht übel, vor allem dann nicht, wenn dieser Brief nicht mehr pünktlich zum Fest bei Euch ankam!
Ich weiß, wie sehr Ihr dann auf die Zeilen von mir gewartet haben werdet, aber leider konnte ich auch nicht so, wie ich es gerne getan hätte, nämlich einen Brief an Euch abzuschicken! Geängstigt habt Ihr Euch doch nicht? Nein! Es ist ja auch gar kein Grund dazu vorhanden. Mir geht es wie immer ausgezeichnet. Ich könnte mich über gar nichts beklagen. Ja, und wie geht es Euch nun noch? Vielleicht und hoffentlich kommt morgen Post! Das wird ja dann ein Fest.
Weiter hätte ich ja dann nichts mehr zu berichten. Aber ich bin noch gewaltig neugierig! Hat es Weihnachten

Ferien, und damit verbunden sicher auch Zeugnisse gegeben? Ich bin ja gespannt, wie sie ausgefallen sind. Liegt bei Euch schon viel Schnee? Hier regnet es augenblicklich. Wir können uns aus diesem Wetterumschwung gar keinen Vers machen, vielleicht wird es auch bald schon wieder eisiger Nordwinter sein. Das ist mir lieber als dieses Musselwetter. Den ganzen Tag stippert es so ganz ruhig herab.
Was macht bei den beiden der Dienst? Die Werkarbeit wird wohl jetzt schon mit mehr oder weniger Erfolg abgeschlossen sein. Was treten im Januar für Aufgaben an Euch heran? Sicher wird wohl auch schon wieder für das Frühjahr ein Elternabend geplant sein? Oder habt Ihr andere wichtige Dinge zu tun? Wie geht es Papa in Bezug auf das Rheuma? Wie schlägt nun die Selbstkurmethode an? Hoffentlich doch zufriedenstellend! Wie lange war die erste Luftpost und wie lange diese unterwegs?
Ich lege vier Luftpost- und zwei Zulassungsmarken bei. Könnt Ihr mir die Bleifedern 1, 2 und 3, einen Federhalter, Federn unter einem Zentimeter (nicht „Ato“, sondern Redis) und eine schwarze Tuschpatrone schicken?
Ich wünsche Euch allen nun ein recht, recht frohes Weihnachtsfest. Laßt Euch vom Weihnachtsmann einen großen Sack voll bringen! Ebenso wünsche ich Euch für das neue Jahr nur das Beste. Vor allem Gesundheit und Zufriedenheit.

Euer Horst

am 31. Dezember 43

Ihr lieben Alle!

Zuerst meinen allerherzlichsten Dank für Eure Weihnachtsgrüße und -wünsche. Ich erhielt sie heute erst durch Eure Karte vom 30.11., den Brief Nr. 9 und in Papas Brief vom 12.12. Zusammen mit dieser Post kam hier noch ein Brief von Rümmer und eine Zeitung von Schneiders an. Das war alles, was ich in diesem Monat erhielt. Schneiders schickten mir zwei leere Feldpostbriefe mit. Einen davon bekommt Ihr jetzt. Schreiben könnte ich sonst nicht, da alles verschrieben ist. Na, hoffentlich kommt bald das Päckchen mit den angeforderten Sachen!
Heiligabend haben wir gefeiert, wie es nur bei der Marine gefeiert werden konnte. Am ersten Weihnachtstag liefen wir dann aus. Weihnachten kam so, wie wir es uns schon seit langem gewünscht hatten. Ihr habt darüber ja schon im Radio erfahren. Am dritten Weihnachtstag liefen wir wohlbehalten im Stützpunkt wieder ein. Mit viel Glück und Schwein. Wir konnten wohl sagen: „Der liebe Gott hat mal wieder seinen Daumen dazwischen gehalten".
Heute ist nun Sylvester. Was wird uns das neue Jahr wohl bringen? Von mir kann ich berichten, daß wir morgen höchstwahrscheinlich Kadetten werden. Die Abzeichen haben wir damals noch von der Scharnhorst bekommen.
Nach den jetzigen Verhältnissen ist wohl an einen Urlaub im März noch nicht zu denken. Vor kurzem wurde bekannt gegeben, daß wir erst Urlaub einreichen können, wenn wir ein Vierteljahr hier oben sind. Das wäre dann erst im Sommer, wenn ich Glück habe.
Auf Eure Briefe werde ich ein andermal eingehen. Dieter möchte sich mal über seine Voruntersuchung

betreffs Offiziersnachwuchs äußern! Ich rate ihm allerdings von einer freiwilligen Meldung ab, da dieser Beruf bestimmt nichts für ihn ist. Schließlich habe ich ja schon etwas davon kennengelernt. Das heißt allerdings nicht, daß ich kein Interesse mehr an meinem Dienst habe. Mir macht alles immer noch sehr viel Spaß.
Für heute nun viele herzliche Grüße,

Euer Horst

am 1. Januar 1944

Ihr lieben Alle!

„Kadett Ingenieur Handke meldet sich mit Wirkung vom 1.1.44 zum Dienstgrad befördert", so lautete heute Mittag die Meldung, die ich dem Kommandanten vorbringen mußte. Ja, da staunt Ihr, was? Plötzlich haben wir den höchsten Mannschaftsdienstgrad erreicht. Das Jahr fängt gut an!
Heute bekam ich ein Weihnachtspaket von Halle, es enthielt einen Weihnachtsstollen und Gebäck. Alles wurde zur Beförderungsfeier im Kameradenkreis aufgeteilt. Gestern, Silvester, war wieder schwer was los. Die Kombüse hatte einen prima Punsch gebraut. Gegen 23 Uhr mußte ich mich in den Betrieb verdrücken, da ich sämtliche Gläser mit ex trinken mußte. Wo das hingeführt hätte, könnt Ihr Euch ja denken. Jedenfalls wäre ich heute nicht klar gekommen. Aber es muß ordentlich gefeiert werden, wer weiß, ob es nicht das letzte Mal ist?
Ach, ich habe Euch ja noch gar nicht geschrieben, was ich vom Weihnachtsmann bekommen habe. Draußen war es schon dunkel, als wir auf der Back antraten und der Kommandant zur Besatzung sprach. Dann kam die

Bescherung. Gespannt kamen wir ins Deck hinunter. Festlich waren die Wände mit Signalflaggen und die Backen mit einem Weihnachtsbaum ausgeschmückt. Und dann erst der Gabentisch: Jeder erhielt ein Buch (Z13 von Kiel bis Narvik), einen Teller Bonbons und Honigkuchen, eine Tafel Schokolade, noch andere Süßigkeiten und Zigaretten. Am Abend gab es ein prima warmes Essen, danach Punsch. Die Sauce zum Schokoladenpudding, den es am ersten Weihnachtstag geben sollte, ist leider bis zum dritten schlecht geworden. Bei dem Seegang verzichtete jeder auf diese Leckerei. Heute, Neujahr, trinken wir einen prima Kakao. Die Kadetten werden natürlich heute Abend gewaltig feiern!
Und wie seid Ihr nun in das neue Jahr gekommen? Es wird wohl sehr ruhig gewesen sein. Wenn Ihr diesen Brief erhaltet, werden auch schon wieder einige Wochen vorüber sein. Schreibt bitte mal die Geburtstage, die ich zu berücksichtigen habe, auf. Und schickt mir vor allem Feldpostbriefe und Briefpapier!
Mit den herzlichsten Grüßen im neuen Jahr bleibe ich

Euer Horst

am 11. Januar 1944

Ihr lieben Alle!

Zuerst meinen herzlichsten Dank für Euer Päckchen vom 27. November 1943. Der Inhalt hat mir und meinen Kameraden gut gemundet. Das Buch habe ich den Freunden zum Lesen gegeben. Ich kannte den Inhalt schon. Im Augenblick können wir mal wieder sehr wenig lesen.
Wo habt Ihr eigentlich die Zulassungsmarken her? Die

vier, die ich Euch schickte, konntet Ihr damals noch nicht erhalten haben. Habt Ihr sie überhaupt schon erhalten? Es waren auch mehrere Luftpostmarken beigelegt. In diesen Briefen hatte ich mir einiges gewünscht: Schreibpapier und Feldpostbriefe, Klebstoff, Bleifedern, Tusche, Federn, usw.! Na, hoffentlich kommen diese Sachen noch an!
Augenblicklich bin ich im Revier in Behandlung. Vor vier Tagen habe ich mich an der linken Hand ganz nett verbrannt. Vor Weihnachten fiel mir eine Granate auf den rechten Fuß. Es schmerzt manchmal noch. Aber damit war ich nicht im Revier. Ich hätte mich sonst in den Korb legen müssen und hätte so den viel wichtigeren Unterricht und Dienst versäumt. An beiden lasse ich mir aber nichts anmerken. Ansonsten geht es mir ausgezeichnet.
Einen Wunsch hätte ich noch. Seht doch einmal zu, ob Ihr noch in den Buchhandlungen folgende Zeitschrift bekommt: *Paustians Lustige Sprachzeitschrift, Verlag: Gebr. Paustian, Hamburg 1, Chilehaus A* oder *Postscheck: 189 Hamburg*. Ihr könnt Sie für Euch bei einer Buchhandlung oder bei einem Postamt bestellen und mir dann zusenden. Die Sache geht doch klar? Mit vielen herzlichen Grüßen bleibe ich

Euer Horst

am 17. Januar 1944

Ihr lieben Alle!

Habt recht herzlichen Dank für Eure Briefe Nr. 12 und 13. Ich habe mich wie immer sehr darüber gefreut. Die Neuigkeiten von Helmut haben mich zwar sehr interessiert, haben mich in Bezug auf Schule aber sehr

enttäuscht. Beim zweiten Kursus mit noch einer 5? Verdammt, das muß doch anders werden. Dafür sollte er lieber die Schiffbauerei lassen. Er wird es später einmal bitter bereuen. Ich weiß jetzt, was ich noch alles zu lernen habe, und ich werde alles daran setzen, mein Ziel auf persönlichem Gebiet zu erreichen. Hoffentlich bekomme ich die Fremdsprachenhefte.
Das soll allerdings nicht heißen, ich stände hinter meinen Kameraden hier an Bord zurück. Im Gegenteil, ich mache ihnen noch etwas vor. Ich glaube ich bin ---, aber Selbstlob stinkt.
Dass Dieter zur Heimatflak eingezogen worden ist, ist zwar traurig, aber es ist doch herrlich, auf diese Weise mit zum Siege beitragen zu können. Hoffentlich wird er mal ordentlich gedrillt! Aber darüber braucht Ihr ja weiter nicht traurig zu sein, wenn wir nicht mehr so oft und so viel bei Euch sind. Ich werde ja schließlich im Urlaub für wenige Tage bei Euch zu Besuch kommen, das wird nun immer so sein. Heute bekam ich noch Post von Rümmer und von Eichelmanns. Die Luftpostmarken könnt Ihr jetzt alle verschicken. Ich werde Euch laufend damit versorgen.
Für heute bleibe ich mit den herzlichsten Grüßen

Euer Horst

Dieter und Helmut zu ihren Geburtstagen noch die herzlichsten Glückwünsche und alles Gute für die Zukunft.

am 24.1.1944

Ihr lieben Alle!

Nehmt zuerst meinen allerherzlichsten Dank für Eure

Päckchen vom 15.11. und 27.12.43 - ich hatte sie schon einmal erwähnt - und für die Briefe Nr. 15 und 16 entgegen. Na, endlich kam mal Luftpost an. Ihr könnt ruhig die anderen Marken mit verschicken. Wir bekommen hier monatlich acht Stück. Dass ich mit der Hälfte davon vollkommen auslange, leuchtet Euch doch ein.
Feldpostbriefe benötige ich jetzt nicht mehr. Wir bekamen letztens dieses Briefpapier. Ich bin also wieder so einigermaßen versorgt.
Dass Ihr Weihnachten an mich gedacht habt, kann ich mir denken, aber das braucht Ihr mir doch nicht mitzuteilen. Außerdem bestand ja gar kein Grund zum Ängstigen, wenn im Radio mitgeteilt wurde, es sei weiter nichts passiert. Selbstverständlich stimmt das, und Ihr braucht und dürft es nicht bezweifeln!
Vom Urlaub schreibt bitte nicht mehr. Von hier oben in Urlaub fahren würde sehr lange dauern. Für uns ist dieses Unternehmen auch sehr aussichtslos. Schließlich sind wir die Jüngsten und dann wohl auch die Letzten, die fahren dürfen. Mir macht es nichts aus!
Den Päckcheninhalt habt Ihr auch nicht gerade vorteilhaft gewählt. Ich schrieb Euch doch, dass wir genug zum Essen haben. Und wenn man nun einmal satt ist, dann kann uns nicht die beste Leckerei mehr reizen, zumal alles Essen Leckereien sind. So standen die Päckchen tagelang offen herum und keiner nahm einen Keks davon.
Augenblicklich liege ich in der Koje, habe Grippe. Seit einigen Tagen habe ich aber schon kein Fieber mehr. Morgen werde ich wohl wieder Dienst mitmachen können. Aber gelebt habe ich in diesen Tagen! Warme Milch mit Honig, Rum mit Tee und andere schöne Sachen. Für heute herzliche Grüße

Euer Horst

am 27. Januar 1944

Ihr lieben Alle!

Hiermit bestätige ich mit dem allerherzlichsten Dank den Empfang Eures Briefes vom 12.1.44, leider nicht Luftpost. Weshalb nicht?
Das mit den Luftangriffen und den Schäden habe ich mir schon gedacht. Übrigens ist hier auch ein Masch. Ob. Gefr. aus Königslutter. Röddecke heißt er.
Verschiedene Namen aus Groß Steinum sind ihm bekannt. Na, wie viele Bomberwracks liegen denn jetzt in Eurer näheren und weiteren Umgebung?
Von Weihnachten kann ich Euch leider sehr wenig berichten. Es wäre da ja auch nicht viel zu schreiben. Ich kann jenes auf dem Papier schwer glaubhaft machen, aber erzählen kann ich es Euch ja bei der kommenden Gelegenheit. Ihr könnt hoffentlich doch noch so lange warten?
Wie steht es mit Dieter und Helmut in der Schule? Wie sieht es sonst bei Euch aus? Mir geht es nach jenem Krankfeiern wieder ausgezeichnet. Nur einen kleinen Husten habe ich noch, aber das wird auch bald klar sein.
Sonst habe ich weiter nichts zu berichten!
Mit vielen herzlichen Grüßen bleibe ich für heute

Euer Klaus

am 1. Februar 1944

Ihr lieben Alle!

Mit vielem Dank habe ich heute Euren Brief erhalten. Wo bleiben 15, 16 und 17? Ich habe mich sehr über Deinen Bericht gefreut, Dieter. Am meisten über die Grüße vom alten Hintze. Wirst Du folgenden Lehrern

mal Grüße bestellen, aber nicht an einem Tage. Hintze, Helbig, Kaufmann, Sander 1 und 2, Zepernik, Keune und Block. Sei bitte so gut. Dein HJ-Dienst interessiert mich sehr. Schreib' doch einmal mehr davon!
Gestern sah ich zum ersten Mal die Sonne wieder. War das ein „sonniges" Gefühl. Wir waren wieder einmal zur See gefahren, sonst kommt sie noch nicht über die Berge. Ist Helmut schon abgereist? Er soll mir dann sofort seine Anschrift mitteilen. Heute ist in Rümmer Schlachtefest, nicht wahr?
Mit vielen herzlichen Grüßen bleibe ich für heute

Euer Horst

am 8. Februar 1944

Ihr lieben Alle!

Habt recht herzlichen Dank für Euren lieben Brief Nr. 19, den ich heute mit einer Zeitung von Schneiders und einen Brief von Saarbrücken erhielt. Ich bin allerdings etwas von den Zeilen überrascht. Aber hoffentlich wird Euch durch die Terrorangriffe nichts Schlimmes zustossen.
Vorgestern bekam ich die Zeitung von Helmut und eine von Eichelmanns. Wieder war mal etwas zum Lesen da. Dann ist die Freizeit nicht so langweilig.
Heute gab es viel Post. Alles sitzt an der Back und schreibt Briefe. Das ist immer dasselbe Bild, wenn es nach langer Zeit mal wieder Post gab. Das Wetter ist augenblicklich sehr milde. Klarer, heller Himmel. Die Berge sind hell erleuchtet von der Sonne. Nur auf unser Boot reichen ihre Strahlen nicht. Letztens haben wir wieder einen Ausflug gemacht. Es war herrlich, im tiefen Schnee herumzustapfen. Schiläufer bekommen

Sonntags sogar Urlaub, um diesen herrlichen Sport ausüben zu können. Für sie ist es hier ein Paradies! Mir geht es gut. Dasselbe hoffe ich auch von Euch.
Mit vielen herzlichen Grüßen bleibe ich

Euer Horst

am 17. Februar 1944

Ihr lieben Alle!

Heute feiern wir mal wieder außer der Reihe Sonntag, da der letzte anlässlich einer Fahrt ausgefallen ist.
Hätte ich heute keine Hafenkesselwache, würde ich auf jeden Fall zum Schilaufen gehen. Ja, da staunt Ihr, was? Vor einer Woche hatte ich erstmalig die Gelegenheit, auf Brettern zu stehen und die ersten Laufversuche zu machen. Allerdings hat man anfangs noch ein sehr unsicheres Gefühl und man kann auch noch nicht fest stehen. Am Ende des Ausmarsches ging es aber so einigermaßen.
Bei der nächsten Gelegenheit werde ich auf jeden Fall ein paar Bretter bekommen, um diesen herrlichen Wintersport in einer malerischen Landschaft ausüben zu können. Das ist jetzt ein herrliches Leben, seitdem wir Schilaufen können.
Helmut sage ich für seinen Brief (21) meinen herzlichen Dank. Lies Deine Briefe, bevor Du sie zuklebst, noch einmal durch, damit auch die letzten Fehler noch verschwinden! Wie verhält sich das mit meiner Zeitung? Bekomme ich sie nun?
Bei Euch ist der Winter nun bald vorbei. Die Sonne scheint hier zwar schon einige Stunden am Tag. Es ist aber trotzdem noch verdammt kalt an Oberdeck.
Einige Kuchenmarken lege ich bei, die ich noch von

Deutschland habe. Könnt Ihr sie noch verwenden?
Für heute viele herzliche Grüße

Euer Horst

am 20. Februar 1944

Ihr lieben Alle!

Habt herzlichen Dank für Euren Brief Nr. 20, den ich am 17.2. erhielt. Die Post geht augenblicklich flott, nicht wahr? Haben die letzten Klassenkameraden alle das Maturum bestanden? Sicher bin ich ihnen doch voraus; denn den Kameraden, von denen einige sogar das Abitur haben, mache ich bis jetzt noch allerhand vor, obwohl ich so ziemlich der Jüngste bin. Ich hatte Euch doch seinerzeit die Titel jener Sprachhefte mitgeteilt. Ich werde sie mir jetzt selbst besorgen. Hebt Ihr meine Briefe eigentlich auf? Ich hatte doch früher schon einmal darum gebeten. Anscheinend flattern sie aber im Lokal rum!
Gestern war ich wieder Schilaufen. Es hat mir wieder Riesenspaß gemacht, zumal es eine völlig neue Gegend war. Wenn ich hinfiel, hatte ich schwer zu arbeiten, bis ich wieder auf den Brettern stand, da der Schnee durchschnittlich einen Dreiviertelmeter hoch liegt. Man sinkt sofort darin ein. Jetzt kann ich es schon wagen, einen Berg mit doller Geschwindigkeit herunter zu brausen. Schade, daß ich nicht schon früher Schilaufen gelernt habe!
Ihr habt keinen Winter gehabt? Sicher werdet Ihr jetzt auch keinen mehr bekommen. Hier wird er jedenfalls bis Mitte Mai andauern. Bis dahin kann ich wohl noch so einigermaßen Schilaufen lernen. Wann habt Ihr das Päckchen mit den angeforderten Artikeln abgeschickt?

Für heute bleibe ich mit vielen herzlichen Grüßen

Euer Horst

am 1. März 1944

Ihr lieben Alle!

Habt herzlichen Dank für Eure Briefe Nr. 23 und von Dieter. Ich habe mich wieder sehr gefreut, zumal ich längere Zeit keine Post mehr erhalten hatte, war aber sehr überrascht, von dem Terrorangriff zu erfahren. Den Wehrmachtsbericht vom 11.2. hatte ich nicht gehört, da wir an jedem Tage wieder einmal nicht „zu Hause" waren. So ist es nun bei Euch also auch schon gefährlich geworden. Ich hoffe und wünsche aber von ganzem Herzen, daß Euch und der Heimatstadt nichts Schlimmes mehr zustößt.
Von hier habe ich nichts Besonderes zu berichten. Jeder Tag ist wie der andere. Vor wenigen Tagen wehte ein starker Wind, der den Schnee von den hohen Bergen in dunklen Wolken vor sich hertrieb. Heute sind wir wieder bei bestem Wetter etwas unterwegs gewesen, allerdings ohne besondere Vorkommnisse.
Mit dem heutigen Tag sind wir nun schon vier Monate von der Heimat fern. Wie doch die Zeit vergeht, nicht wahr? Wie lange werden wir hier nun noch vegetieren? Es wird wohl noch sehr lange dauern. Zum Schilaufen bin ich in der letzten Zeit wenig gekommen. Schade! Es hätte bestimmt wieder viel Spaß gemacht.
Wie geht es Euch nun noch? Hoffentlich doch gut, was ich auch von mir behaupten kann. Mit vielen herzlichen Grüßen bleibe ich

Euer Horst

am 5. März 1944

Ihr lieben Alle!

Habt herzlichen Dank für Euren Brief 25 und die Kriegsmarine, die beigelegte Zeitung hat mich diesmal natürlich am meisten interessiert. Ich erhalte die BTZ hier immer von einem Kameraden aus Königslutter. Den ersten Berichten über die Terrorangriffe zufolge hatte ich mir diese gar nicht so gefährlich vorgestellt. Jetzt aber bin ich anderer Meinung.
Gestern war ich wieder Schilaufen. Unten am Fuße des Berges war es eiskalt, aber oben, wo die Sonne schien, habe ich geschwitzt. Schal ausgebunden und die Handschuhe ausgezogen, so bin ich weitergefahren. Es hat mir wieder einen Riesenspaß gemacht. Hoffentlich bietet sich bald wieder einmal die Gelegenheit zu fahren.
Nach Sisbeck habe ich Mitte Dezember '43 den letzten Brief geschrieben. Von dort habe ich am 4.10.43 den letzten Brief erhalten. Aber heute geht auch ein Brief nach dort ab. Sonst habe ich nichts Neues zu berichten. Mir geht es in allem ausgezeichnet, was ich auch von Euch erhoffe. Habt Ihr eigentlich in letzter Zeit ein Päckchen mit den Malutensilien abgeschickt? Ich hatte diese doch vor längerer Zeit schon einmal angefordert.
Mit vielen herzlichen Grüßen aus dem hohen Norden bleibe ich für heute wieder

Euer Horst

am 12. März 1944

Liebe Eltern und Brüder!

Herzlichen Dank für Eure Briefe Nr. 26 und 27, die ich heute erhielt. Wenn Ihr diese Zeilen erhaltet, habt Ihr die Konfirmation schon hinter Euch. Hoffentlich habt Ihr dazu ordentlich was zu essen gehabt. Werdet Ihr auch an diesem Sonntag Alarm bekommen? Ich wünsche Euch, dass Ihr an jenem Tage einmal vollkommen Ruhe habt. Ob ich an Euch am Sonntag denken kann, ist noch unbestimmt. Wer weiß, wie es dann bei uns aussieht, wo wir dann schon wieder schwimmen!
Heute hatten wir eine kurze Heldengedenkfeier. Ihr doch ganz bestimmt auch? Sicher wird sie sich bei Euch wie in den Vorjahren gestaltet haben. Der Kommandant sprach wieder zu der auf der Back angetretenen Besatzung.
Es ist augenblicklich wieder verdammt kalt hier oben. Vor wenigen Tagen war der Fjord mit einer dünnen Eisdecke zugefroren. Als Ebbe kam, ist sie allerdings mit dem Wasser weggeschwommen. Bald ist nun Tag- und Nachtgleiche. Dann beginnen für uns die langen Tage und hellen Nächte. Das Nordlicht wird jetzt auch schon von Abend zu Abend schwächer. Schade, es war immer so ein eindrucksvoller Anblick!
Heute gab es zum Morgenkaffee einen halben Weißbrotstollen, mittags haben wir Butterspargel gegessen. Montags und freitags gibt es Pudding, und sonntags und mittwochs Büchsenobst (heute Birnen). Mir geht es in allem gut, was ich auch von Euch hoffe hören zu können. Was macht bei Euch das Wetter?
Euch nun eine recht gute Konfirmationsfeier wünschend bleibe ich mit vielen herzlichen Grüßen

Euer Horst

am 19. März 1944

Ihr lieben Alle!

Habt meinen herzlichsten Dank für das Päckchen und den Brief Nr. 28. Der Inhalt des Päckchens hat hervorragend gemundet. Am selben Tage erhielt ich auch ein kleines Kekspäckchen von Frau Berg.
Ihr feiert heute nun Helmuts Konfirmation, und wir feiern den Tag der Wehrmacht. Ein Gegensatz, was? Hoffentlich habt Ihr gut feiern können und habt vor den Tommys Ruhe gehabt.
Nun aber zu uns: Gestern begann unser Tage mit einem großen Schiwettkampf. Selbstverständlich wurde gewettet, welche Mannschaft den Kampf gewinnen würde. Der Betrag floß dem WHW zu. Ja, und heute hatten wir nun die dollsten Überraschungen. Zuerst einmal Wunschkonzert. Von uns elf Kadetten (Ing.) wurden 200,- Kronen (114,- RM) gesammelt. Hierfür mußte der zweite WI und ein Korporal auf den Schornstein den S-Bezug zerren. Wollten sie sich von dieser Arbeit loskaufen, so hätten sie je den doppelten Betrag zahlen müssen, also jeder 400,- Kronen.
Hätten sie dies gemacht, so wären 1.000,- Kronen zusammengekommen. So gab es noch viele, viele andere Beispiele. Jedenfalls kam eine Unmenge Geld zusammen. Ich schätze auf 20.000,- Kronen für unseren kleinen Dampfer. Dafür haben wir auch viel gelacht. Am Vormittag gab es noch gegen Kronen Fleischbrühe und Prilleken. Hatte alles tadellos geschmeckt. Soeben wird noch in Abteilung 1 Zwischendeck Schnaps versteigert, ebenso Zigaretten. Na, da kommt auch noch ein großer Haufen Geld zusammen. Am Nachmittag gingen die Offiziere Wache. Der Ober-Asi Posten Seitendeck, der LI war Verkehrsbootheizer, usw.!
Für heute bleibe ich mit vielen Grüßen
Euer Horst

am 26. März 1944

Liebe Eltern und Brüder!

Herzlichen Dank für Euren Brief (29), den ich vorgestern erhielt. Inzwischen habe ich auch das letzte Päckchen von Rümmer bekommen. Na, da habt Ihr ja am Samstag gelebt wie die Fürsten! Ihr wißt ja, was hier los war. Das Ergebnis unserer Sammlung hat sich übrigens auf 38.000,- norwegische Kronen erhöht. Helmut, wie viel Reichsmark sind das?
Sonst ist hier immer noch das Alte. Heute Mittag war ich zum Essen in der Offiziersmesse eingeladen. Es war noch ein Seekadett mit „achtern“. Nach dem Essen haben wir noch Rotwein getrunken. Ich habe mich dann aber sofort entschuldigt. Alles in allem war es gar nicht so schlimm und aufregend, wie es vorher aussah. Wir haben uns ganz nett über einige Themen unterhalten.
Wenn W. Stute von Bergen zehn Tage unterwegs war, werden wir wohl von Alta drei Wochen reisen, wenn alles gut geht unterwegs.
Ja, nun bin ich am Ende. Mir geht es sehr gut, was ich auch von Euch erhoffe. Mit vielen Grüßen bleibe ich

Euer Horst

am 5. April 1944

Ihr lieben Alle!

Zum kommenden Osterfest wünsche ich Euch alles Gute und sende Euch die herzlichsten Grüße aus dem hohen Norden. Die Feiertage werden sicher schon vorüber sein, wenn Ihr diese Zeilen erhaltet. Ihr entschuldigt doch bitte meine Unpünktlichkeit. In der letzten Zeit hatten wir sehr wenig Zeit, um uns mit uns

selbst beschäftigen zu können. Überall war eine wahnsinnige Arbeit zu erledigen!
Gestern habt Ihr nun schon zum zweiten Mal im Wehrmachtsbericht von unserem Leben und Treiben hier oben erfahren. Ihr habt es aber nicht nötig, Euch vergebens zu beunruhigen. Es geht mir wie immer so einigermaßen gut, etwas Besonderes ist nicht passiert.
Das Wetter hat sich hier jetzt ganz wenig geändert. Es ist nicht mehr so kalt, aber warm ist es auch noch nicht. Der kalte Wind läßt die warme Sonne noch nicht so zur Geltung kommen. In „Lee“ ist es aber schon herrlich warm für unsere Begriffe. Vor einigen Tagen sah ich achtern auf der Schanz, wo ich als „Posten Arrest“ aufgezogen war, gegen Mitternacht ein phantastisch schönes Nordlicht, wie ich es noch nie hier oben in Norwegen sah.
Wie sieht es nun bei Euch aus? Der Winter wird doch sicher schon vom Frühling abgelöst sein. Wie sieht unser Braunschweig eigentlich noch aus? Die schweren Angriffe haben die Stadt doch sicher sehr mitgenommen! Wie geht es Euch noch? Ich hoffe doch gut. Von Schneiders bekomm ich jetzt laufend Zeitschriften, ebenso ab und zu auch mal von Halle und Eichelmanns.
Zu Deinem kommenden Geburtstag wünsche ich Dir, liebe Mama, alles Gute, vor allen Dingen die beste Gesundheit. Ihr werdet wohl nicht besonders groß diesen Tag feiern. Hoffentlich können wir im nächsten Jahr dieses Fest in Frieden begehen. Zum Schluß sage ich Euch noch für die Briefe 30 und 31 und für die Ostergrüße meinen allerherzlichsten Dank. Na, die Konfirmation konntet Ihr nicht besser feiern.
Mit den herzlichsten Grüßen bleibe ich

Euer Horst

Ostern 1944

Ihr lieben Alle!

Am heutigen ersten Ostersonntag sende ich Euch die herzlichsten Grüße von hier oben. Wir feiern es allerdings vollkommen anders, als Ihr es vielleicht im Augenblick tut. Wir sahen auch nicht die Ostereier, die ja eigentlich zu jedem Osterfest gehören. Aber es geht auch ohne diese kleine Kostbarkeit. Eigentlich wollte ich heute an Land gehen, um Schi zu fahren. Aber leider wurde daraus nichts. Wir dürfen das Boot nicht verlassen; es ist nämlich schon wieder kurzstündige Bereitschaft, genau wie es Weihnachten auch war. Wir haben uns nun für einen eventuellen Einsatz bereitzuhalten. Wird es überhaupt zu einem Einsatz kommen?
Wir wünschen es und brennen alle darauf, wieder einmal an den Feind zu kommen. Wir sind ja auch erst vor einer Woche zum letzten Mal gefahren. Na ja, es wird schon alles richtig hinhauen, wie man so sagt! Ängstigt Euch bitte nicht um mich! Schließlich schwebt Ihr in einer nicht geringeren Gefahr. Dem Wehrmachtsbericht zufolge habt Ihr gestern und wohl auch heute Terrorangriffe der Amerikaner über Euch ergehen lassen müssen. Ich hoffe, dass Euch weiter kein Unheil zugestoßen ist.
Wie habt Ihr nun das Osterfest gefeiert? Haben Dieter und Helmut Zeugnisse und Ferien bekommen? Wie geht es Euch sonst noch? Was macht das Wetter? Wenn Ihr in nächster Zeit keine Post von mir erhaltet, denkt bitte nicht an etwas Schlimmes!
Mit vielen herzlichen Grüßen bleibe ich

Euer Horst

MKS - Mürwik

Mürwik, am 28. April 1944

Ihr lieben Alle!

Nach dreizehntägiger abwechslungsreicher Fahrt bin ich nun wieder mit den Kameraden in Deutschland, und zwar in der bekannten Marineschule gelandet. Die Abkommandierung von Bord kam ganz überraschend. Am Morgen des 14.4. kamen die neuen Kadetten an Bord, abends feierten die alten zusammen mit den Offizieren und dem Kommandanten Abschied, und am anderen Vormittag stiegen wir von unserem alten Dampfer aus. Drei Tage zuvor hatten wir noch eine zünftige Kommandantenmusterung.
Und dann kam die Fahrt. Wie lange würde sie dauern? Gott sei Dank ging alles schneller, als wir es überhaupt gedacht hatten. Immerhin sind wir mehrere Tage mit Dampfern und 52 Stunden mit der Bahn unterwegs gewesen. In Norwegen und vor allem in Dänemark gab es noch allerhand zu kaufen. So bekam ich in Mosjoen (Nrw.) noch Fotopapier. In Oslo waren wir nur einen Tag. In Friedrichsstadt erstand ich geräucherten Seeaal, zwei Büchsen Ölsardinen. In Dänemark aber lebten wir wie die Herren. Vollmilch, Schlagsahne, herrlichen Kuchen, Sahneeis, Briefpapier, usw., konnte man in rauen Mengen kaufen, vorausgesetzt, daß man genug Kronen hatte. Diese mußten erst bei den Landsern teuer gegen Zigaretten eingetauscht werden. Ich habe alles bis auf die letzte Öre ausgegeben!
Mit vielen herzlichen Grüßen bleibe ich

Euer Horst

Mürwik, am 3. Mai 1944

Liebe Eltern und Brüder!

Hier von Mürwik sende ich Euch die herzlichsten Grüße. Meinen ersten Brief von hier werdet Ihr wohl schon erhalten haben.
Inzwischen sind wir nun schon einige Tage hier. Der Dienst begann gestern erst. Gestern haben wir wieder Grauzeug empfangen. Diese Kluft war man überhaupt nicht mehr gewohnt. Heute Vormittag empfingen wir Stahlhelme und hatten eine Gasmaskenprüfung im Gasreizraum. Und hiernach schreibe ich diesen Brief. Nachmittags werden wir voraussichtlich praktische und theoretische Brandbekämpfung haben. Der Unterricht an sich wird ja erst in wenigen Tagen beginnen. Daß dabei ordentlich gelernt werden muß, brauch‘ ich doch hoffentlich nicht weiter erwähnen.
Mit acht Mann bewohnen wir nun eine Wohnstube oder ein Arbeitszimmer, ein Schlafzimmer und benutzen mit einer weiteren Wohngemeinschaft einen Waschraum mit Brausen und Bad. Tolle Sache, was? Selbstverständlich haben wir jetzt wieder sehr viel Platz, vor allem auch in den Spinden.
Ich benötige hier nun wieder sehr viele Sachen, die an Bord vollkommen überflüssig waren, und die ich seinerzeit deshalb nicht mit an Bord genommen habe. Legt die Sachen, die ich nachfolgend aufführe, bitte bereit, schickt sie aber noch nicht ab. Vielleicht kann mich einer von Euch mal besuchen und bringt dann die folgenden Sachen mit, oder, wenn dies nicht möglich sein sollte, schickt ihr sie per Einschreiben. Aber darüber lässt sich ja noch beraten. Legt die Sachen erst einmal bereit. Ich selbst kann mir die Sachen nicht abholen, da die Urlaubsaussichten äußerst ungünstig liegen. Ich benötige folgende Sachen:

- den damals zurückgeschickten Kamm
- eines von den bunten Badehandtüchern
- zweimal Unterzeug (kurze Unterhose, Sporthemd)
- ein Paar Strumpfbänder
- ein Oberhemd (helle Farbe, steifer Kragen)
- meinen Schlafanzug
- schwarze Schucreme
- zwei oder drei Kleiderbügel mit Steg
- den geschickten Aschenbecher
- eine kleine bunte Tischdecke zum Auslegen eines Spindfaches (40x40cm)
- meine kleine Logarithmentafel
- mein Kurvenlineal

Sehr viele Sachen, was? Da staunt Ihr. Hoffentlich macht Euch die Beschaffung der Sachen keine Schwierigkeiten, und hoffentlich findet Ihr die letzten Gegenstände. Ich weiß nicht, wo sie sich herumtreiben, vielleicht hat sie auch Dieter im Gebrauch. Er muß dann leider darauf verzichten, ich benötige sie ja dringender. Also, Ihr sollt die Sachen nur bereit legen, nicht verschicken. Halt, fast hätte ich es noch eines vergessen: Eine gute schwarze Krawatte legt noch bereit!
So, bin nun am Ende, ich glaube, ich habe Euch genug belästigt. Seid mir bitte nicht deshalb böse.
Mit vielen herzlichen Grüßen bleibe ich

Euer Horst

Mürwik, am 8. Mai 1944

Ihr lieben Alle!

Habt herzlichen Dank für Euren lieben Brief Nr. 1, den ich heute während der großen Pause erhielt. Ich war

sehr erschrocken, als gleich in den ersten Zeilen zu lesen stand, daß Mama krank sei. Aber nachher las ich ja schon wieder, daß alles in bester Ordnung sei. Na, Gott sei Dank! Ich will nun hoffen, daß es Dir, liebe Mama, auch weiterhin gut geht.
Mit einem Urlaub macht Ihr Euch bestimmt falsche Hoffnungen. Es ist jetzt für die Dauer des Lehrgangs überhaupt nicht mehr daran zu denken, da der Unterricht einen voll und ganz in Anspruch nimmt.
Es ist aber möglich daß Du, lieber Papa, mich hier einmal besuchst. Ich werde dann zu diesem Zwecke ein Zimmer besorgen können, wenn Du über Sonnabend/Sonntag hierbleiben willst. Andere Kameraden lassen sich auch in der nächsten Zeit besuchen. Wenn Du wirklich die Absicht haben solltest und hierher kommen willst, dann schreib' es bitte früh genug. Ich würde mich dann sehr freuen, zumal ich noch einige Sachen mitzugeben habe, die ich nicht mit der Post schicken möchte. Dies sind Kaffeebohnen und einige Dosen Fisch. Vielleicht noch etwas Schokolade. Du wirst mir dann die Sachen mitbringen, um die ich gebeten hatte. Könnt Ihr mir bitte folgende Sachen sofort schicken? Kamm, Schlafanzug und Handtuch.
In der Hoffnung, daß es Euch auch weiterhin gut gehen wird, bleibe ich mit vielen herzlichen Grüßen

Euer Horst

Mürwik, am 14. Mai 1944

Ihr lieben Alle!

Habt herzlichen Dank für Euren Brief Nr. 2, den ich heute erhielt, kurz bevor ich an Land gehen wollte. Ich habe mich riesig gefreut, daß Ihr mich besuchen

kommen wollt, und mit großer Begeisterung bin ich in der Stadt herumgerast, um für Euch ein Zimmer zu bekommen. Mit einem langen Gesicht kam ich wieder. Der letzte Versuch, durch die Vermittlung unseres Hausmeisters ein Privatzimmer zu bekommen, fiel auch ergebnislos aus, da sämtliche ihm bekannten Zimmer für die nächste Zeit schon vergeben sind. So muß ich Euch nun schweren Herzens mitteilen, daß Ihr nicht kommen könnt.
Ich werde nun versuchen, zu Pfingsten zwei bis drei Tage Urlaub zu bekommen. Eigentlich müßte man mir ja Urlaub geben, denn alle Kameraden kamen vor diesem Lehrgang aus dem Urlaub. Nur ein Kamerad (dessen Eltern waren heute hier) und ich aus unserer Gruppe sind bis jetzt leer ausgegangen. Also haltet den Daumen, damit alles klar geht. An mir soll es nicht liegen. Ich werde dann in vierzehn Tagen unter Euch weilen. Dir, liebe Mama, wünsche ich zum kommenden Muttertag alles Gute. Bist Du von Deiner Krankheit wieder vollkommen geheilt? Hoffentlich wirst Du in Zukunft davon verschont. Es ist schön, daß Ihr schon das Päckchen abgeschickt habt. Ich lasse vor Pfingsten noch einmal was von mir hören.
Mit vielen herzlichen Grüßen bleibe ich

Euer Horst

Mürwik, am 20. Mai 44

Ihr lieben Alle!

Habt herzlichen Dank für Euer Päckchen Nr. 1. Es war ja sehr lange unterwegs. Das Hemd, die Krawatte, usw., wollte ich ja eigentlich noch gar nicht haben. Aber jetzt sind die Sachen ja hier. Es wurde heute dann sofort mit

dem Ausschmücken des Spindes begonnen.
Die restlichen Sachen werde ich mir hoffentlich Pfingsten holen können, ich betone aber hoffentlich! Macht Euch also bitte keine unnötigen Arbeiten und Aufwände. Diesem einen Fall des eventuellen Kommens stehen x Fälle des viel sichereren Hier-bleiben-müssen gegenüber. Es liegt alles ganz in den Händen des Kompaniechefs. Hoffentlich drückt er mal ein Auge dicht!
Heute wird noch ordentlich gelernt. Wir schreiben in der kommenden Woche noch zwei Arbeiten: eine in Maschinenkunde, die andere in E-Technik, beides Hauptfächer bei der späteren Prüfung. Außerdem veranstaltet die Gruppe am Mittwoch noch einen Gruppenabend. Anfang Juni bekommen wir hier sehr hohen Besuch: Die BI-Chefs (Bildungs-Inspektion) der Marine, Luftwaffe, Heer und SS werden dann die Marineschule inspizieren. Schon jetzt wird mit allen Kräften darauf hingearbeitet, um den hohen Tieren an jenem Tage eine „Marine-Einheits-Fassade“ vorzulegen. Heute haben wir nun schon vierzehn Tage Unterricht hinter uns. Den Stoff, den wir in dieser kurzen Zeit verzapft bekamen, haben wir an der Schule nicht in einem Vierteljahr durchgenommen.
Vorgestern besuchte mich der ehemalige HJ-Kamerad Heinz Kiekenap aus Schapen. Er liegt im selben Kasernengelände mit mir. Sein Vater hatte ihm mitgeteilt, daß ich mich hier in der Marineschule befinde. Die Nachrichtenübermittlung scheint trotz der vielen Fliegeralarme doch noch recht gut zu funktionieren. Ich schreibe doch nur an Euch. Toll, daß jeder über jeden so gut informiert ist!!!
Wir haben uns über dieses und jenes unterhalten und allerhand Erinnerungen ausgetauscht. Ab und zu werde ich ihn auch mit zum Segeln abends in der Freizeit

mitnehmen. Er hat ja das Vergnügen auf der Nachrichtenschule nicht. Wenn guter Wind ist, wird fast jeden zweiten Abend gesegelt. Weshalb soll ich die Gelegenheit nicht ausnutzen, wenn ich die Erlaubnis zum Führen eines Segelbootes habe? Anbei sende ich Euch ein Bildchen mit. Hoffentlich gefalle ich Euch. Wenn ich dann Pfingsten nicht kommen kann, habt Ihr wenigstens ein Bild von mir.
Für heute bleibe ich nun mit vielen herzlichen Grüßen

Euer Horst

* Urlaub*

Mürwik, am 4. Juni 44

Ihr lieben Alle!

Nachdem ich nun schon bald wieder eine Woche von Euch fern bin, muß ich nun wohl bald mal etwas von mir hören lassen. Also: Die Fahrt bis Uelzen und weiter bis Hamburg-Altona ging ganz fahrplanmäßig. Leider hatte der Zug zehn Minuten Verspätung, so daß ich den Zug weiter nach Neumünster-Flensburg nicht mehr bekommen konnte.
Ich ließ mir sofort auf meinen Urlaubsschein einen Stempel drücken, und erfuhr dabei gleichzeitig, daß der Zug 0:50 Uhr weiterfuhr, hatte also vier Stunden Aufenthalt.
Um 1:30 Uhr mit Verspätung weitergefahren, konnte ich mich morgens gegen 7:20 Uhr wohlbehalten beim Spieß zurückmelden. Unterwegs hatten uns die Tommys Gott sei Dank nicht belästigt. Außerdem hatte ich fast immer einen herrlichen Sitzplatz. Die Fahrt war

ausnahmsweise ein Vergnügen. Ich konnte nicht sofort schreiben, da ich die Unterrichtsthemen vom Sonnabend und Dienstag noch nachschreiben mußte. Jetzt habe ich zum Glück alles nachgeholt!
Das Wetter ist momentan nicht sehr schön hier, laufend bedeckter Himmel und kalter Wind. Gesegelt habe ich nach Pfingsten noch nicht wieder. Am Donnerstag kommen die BI-Chefs der drei Wehrmachtsteile und der Waffen-SS. Dann wird bei uns hier wüst was los sein. So, das waren die wichtigsten Sachen, die ich Euch zu berichten hatte.
Ich hoffe, daß es Euch allen gut geht, und bleibe mit den herzlichsten Grüßen

Euer Horst

Mürwik, am 9. Juni 44

Ihr lieben Alle!

Habt herzlichen Dank für Euren Brief Nr. 1. Erhielt ihn vorgestern. Ich verstehe Euch nicht, daß Ihr Euch, weil ich nichts mitgenommen habe, unnötige Gedanken macht. Es wäre mir doch alles auf der Reise zur Last gefallen, und ich hätte mich unterwegs noch mehr plagen müssen. Hier geht alles wieder seinen gewohnten Gang, daran kann auch die Invasion nichts ändern. Auch Ihr werdet froh sein, daß Ihr einmal vor den Tommys Ruhe habt, und faßt es auch als Genugtuung und Rache auf, daß sie im Westen jetzt nur so zusammengeknallt werden. Laßt sie nur kommen, unsere Landser werden ihnen schon gut zusetzen! Ihr seid Euch doch im Klaren, daß dies die Vergeltung wird.
Ich kann nicht mehr so viel schreiben, die Zeit ist verdammt knapp. Ich hoffe, daß es Euch allen gut geht,

was ich auch von mir schreiben kann, und bleibe mit vielen herzlichen Grüßen

Euer Horst

Mürwik, am 17.6.44

Ihr lieben Alle!

Am 11.6. erhielt ich Euren Brief Nr. 2, habt herzlichen Dank dafür. Inzwischen habe ich nun auf den angekündigten langen Brief gewartet, aber der ist bis jetzt hier noch nicht eingetroffen, obwohl er sofort hätte geschrieben werden sollen.
Das ist gut, daß die Alarmruhe in der Schule 100% ausgenutzt wird, da wird dann wenigstens mal wieder ordentlich gelernt. Bei uns geht alles seinen gewohnten Gang, von morgens 7:30 Uhr bis abends 18:40 Uhr. Gesegelt habe ich nach Pfingsten erst heute Nachmittag wieder, obwohl schlechtes, kaltes Wetter war, wie es die ganze Zeit andauerte. Ihr werdet sicher schon baden können, und bei uns hier oben ist es noch richtig kalt. Vielleicht macht das die Nähe der Nord- und Ostsee? Na, hoffentlich wird sich das in nächster Zeit ändern. Ich möchte mich nämlich auch mal sonnen, wie die Kameraden es Pfingsten gemacht haben. Ich hoffe, daß es Euch allen ausgezeichnet geht, was ich auch von mir behaupten kann.
Mit vielen herzlichen Grüßen bleibe ich

Euer Horst

Ihr dürft in nächster Zeit ein Päckchen abschicken! H.

Mürwik, am 23.6.44

Ihr lieben Alle!

Habt herzlichen Dank für Eure Briefe Nr. 3 und 4, die ich vor wenigen Tagen nacheinander erhielt. Es ist ja herrlich, daß Ihr jetzt endlich einmal vor den Tommys und Amerikanern Ruhe habt. Daß vor allen Dingen die Schule wieder ihren normalen Gang eingenommen hat. Nur bei uns fällt noch ab und zu der Vormittagsunterricht aus. Gott sei Dank, daß wir nachts nicht aus den Kojen geholt werden.
Unsere Besichtigung ist ganz planmäßig gelaufen. Die Seeleute unserer Kompanie haben nachmittags Seedienst gemacht, wir, die „Ings", hatten ungestörten Unterricht. Am Abend boten wir den Gästen herrliche Kammermusik und alte, schwermütige Seemannslieder. Unsere Kompanie hatte sich diese zur Aufgabe gemacht. Der Kompaniechef selbst spielte erste Flöte. Der Besuch war sehr begeistert. Im Übrigen waren einige Ritterkreuzträger darunter.
Sonst läuft hier alles in den gewohnten Bahnen. Vor einigen Tagen haben wir nachmittags beim Kompaniedienst gesegelt, und am Abend habe ich dasselbe in einem schnittigen Flossenkieler noch einmal gemacht. Dabei bin ich dann herrlich braun gebrannt, da gerade einmal Sonne schien. Mit dem Dienst Dieters ist ja alles in Ordnung, ich habe mich über die guten Nachrichten sehr gefreut. Du kannst mir mal die Anschrift des Bannes mitteilen, ich möchte dem Volk da einmal einen gewaltigen Brief hindonnern.
Zu Papas „Badereise" kann ich mich nur positiv äußern. Na, endlich unternimmt er einmal etwas Richtiges. Hoffentlich wird diese Kur Dir, lieber Papa, nützen, und Du kommst gesund und geheilt wieder nach Hause. In Bezug auf meinen Urlaub scheinst Du Dir nicht ganz im

Klaren zu sein. Augenblicklich ist nämlich der Urlaub für sämtliche Wehrmachtsangehörige gesperrt. Ganz abgesehen davon hätte ich, solange ich hier in Mürwik bin, sowieso keinen Urlaub bekommen.
Mit dem Fleiß und dem Eifer ist das nicht so hoch her. Schließlich wohnen wir hier ja nicht im Kloster. Abends ist immer etwas los; Segeln, Boxen und wenn die Kompaniemannschaft Handball spielt, müssen wir auch erscheinen, um mit allen erdenklichen Krachinstrumenten Lärm zu schlagen. Mittwochs ist Kino in einer Turnhalle, und Freitagabend haben wir am „freiwilligen" Sport der Gruppe teilzunehmen. Zwei Abende die Woche sind dann aber dem Büffeln gewidmet, und am Wochenende gehen wir an Land, wenn wir kein Brandposten haben. Ihr braucht Euch aber trotz alledem nicht zu ängstigen, es geht alles klar! Ich bin nun aber meinerseits auf die Zeugnisse Dieters und Helmuts gespannt. Ich hoffe doch, daß ich die Ergebnisse sofort erfahre! Heute erhielt ich einen Brief von Frau Else Müller. Der Inhalt war ohne Neuigkeiten für Euch, Papa wird sicher bei seiner Aussprache mit ihr dasselbe erfahren haben.
Mama wird heute sicher in Rümmer schwer beim Feiern sein! Leider bin ich noch nicht dazu gekommen, einen Brief an Onkel Täger zu schreiben. Ich werde das heute noch nachholen. Ihr hattet mir einmal die Geburtstage für das erste Halbjahr geschrieben, ich bitte nun um die für das zweite. Aber sofort im nächsten Brief!
Mit den besten Wünschen und vielen herzlichen Grüßen bleibe ich

Euer Horst

N.S.: Entschuldigt bitte Schrift und Stil, der Brief ging in Eile! H.

Mürwik, am 1. Juli 1944

Ihr lieben Alle!

Heute möchte ich Euch meinen Dank für Eure Briefe 5 und 6 aussprechen. Den letzteren erhielt ich heute. Ihr müßt bitte schon entschuldigen, wenn Ihr so wenig Post erhieltet, wie Ihr ja gesehen habt, liegt es nicht an mir. Es tut mir leid, daß die Post Euch so unregelmäßig erreicht. Ihr braucht Euch, das schreibe ich Euch jetzt schon zum x-ten Mal, nicht im Geringsten um mich sorgen. Was soll mir hier schon passieren? Mir geht es bekanntlich immer gut, auch dann, wenn es nicht so scheinen mag. Helmut wird wohl schon zur Gebietsführerschule abgereist sein. Er hat ja beim Bannsportfest ganz nette Erfolge errungen. Bald kann er in der Beziehung mit mir konkurrieren!

Das ist sehr schade, daß Ihr jetzt so viele Erdbeeren und wohl bald auch noch andere Früchte ernten könnt, und ich kann davon keine essen. Aber schließlich bekommen wir hier auch noch etwas Früchte. In der Woche gibt es oft zweimal gutschmeckenden Pudding. Jetzt haben einige Kameraden und ich vom Gruppenoffizier (GO) einen Tip bekommen, daß nämlich davon immer einige Schüsseln übrig bleiben. Wir begeben uns an solchen Tagen immer zur Kombüse und erhalten sogar jeder noch unseren Schlag. Herrlich, was?

Hoffentlich habt Ihr das angekündigte Päckchen noch nicht abgeschickt. Nach meinen neuesten Wünschen wird es wohl ein Paket werden, Ihr könnt auch zwei davon machen!

Also ich bitte um folgende Sachen: Zwei Oberhemden (vielleicht das hellblaue mit), zwei Paar Strümpfe, ein Paar Ärmelhalter, einen schönen Kasten als „Kragenkasten“, und wenn es Euch möglich ist, zwei Wäschekragen (Größe 38).

Zu den Geburtstagen möchte ich noch fragen, ob im Juli keiner der lieben Verwandten oder Bekannten Geburtstag hat, und wann Frau Scheibner Geburtstag hat.
Außerdem habe ich schon einmal, wenn ich mich nicht irre, nach der Anschrift des Bannes gefragt. Vielleicht kann ich bald einmal darauf rechnen?
Für heute möchte ich nun schließen und bleibe mit vielen herzlichen Grüßen

Euer Horst

Mürwik, am 11. Juli 44

Ihr lieben Alle!

Zuerst möchte ich mich bei Dir, lieber Dieter, für Deinen ausführlichen Brief (7) recht herzlich bedanken. Es freut mich, daß Ihr beide versetzt seid. Ich beglückwünsche Euch dazu, in der Hoffnung, daß in den nächsten Jahren dieses Ziel mindestens ebenso gut, wenn nicht noch besser, geschafft wird. Die Zensuren der Zeugnisse sind nicht viel, das seht Ihr ja selbst. Voraussichtlich wirst Du dann ja Dein maturum machen.
Der ganze Bann scheint wohl ein riesiger Trümmerhaufen zu sein? Jetzt werden Euch die ersten Beförderungen vom 20.4. bekannt gegeben? Das ist ja eine große Sauerei! Die Ausreden, die vielen Bombenangriffe oder so, wird wohl kaum am Platze sein.
Von mir weiß ich nicht viel Neues zu berichten. Das Furunkel an meinem Ellenbogen ist fast wieder verschwunden; es schmerzt jedenfalls nicht mehr.
Außerdem habe ich mir eine Riesenwarze wegnehmen lassen. Wenn alles gut ausgeheilt ist, kann ich in unserer herrlichen Badeanstalt astrein baden. Heute wohnten die

Ing-Gruppen in der Werft einem Stapellauf bei. Eine tolle Sache war das. Ganz langsam setzte sich der Dampfer in Bewegung, bis er schließlich mit einer Affenfahrt in sein Element glitt.
Heute erhielt ich das Kaffeestreifenpäckchen von Rümmer. Habt Ihr eigentlich das Päckchen schon abgesandt? Ich hoffe doch.
Für heute nun bleibe ich mit herzlichen Grüßen

Euer Horst

Mürwik, am 19. Juli 44

Ihr lieben Alle!

Zuerst meinen herzlichsten Dank für Euren Brief Nr. 8 und damit für die Gratulation für die Beförderung. Das „termingemäße“, wie Ihr es Euch gedacht hattet, hätte ebenso gut ausbleiben können, wenn irgendetwas vorher schief gegangen wäre. Wie leicht das beim Kommiss geschehen kann, könnt Ihr hoffentlich ermessen. Schon morgen kann das passieren, ich bin nämlich dann Wachhabender. Na, es wird schon schief gehen.
Gestern haben wir einen neuen Abteilungskommandeur bekommen: Brillantenträger Korvettenkapitän Lüth, der einzige bei der Kriegsmarine. Herrlich, was? Wir sind stolz auf unseren Kommandeur.
Schon lange erwarte ich Euer Päckchen, aber sicher werde ich noch lange warten müssen, wenn Ihr es noch nicht einmal abgeschickt habt, obwohl ich es als sehr dringend hinstellte. Die bestellten Hemden dürfen bunt, einfarbig gemustert sein, erwünscht ist natürlich eine helle Farbe. Das hatte ich doch auch geschrieben. Die Kragen sollten halbsteife Umlegekragen (Weite 38)

sein, aber sicher ist da nichts zu machen. Schade!
Mir geht es gut, was ich auch von Euch erhoffe. Das Furunkel ist auch schon lange wieder verschwunden. Es sollte zuerst geschnitten werden, hat sich nachher aber wieder von selbst zurückgezogen.
Für heute bleibe ich mit vielen herzlichen Grüßen

Euer Horst

Mürwik, am 30. Juli 44

Ihr lieben Alle!

Da schon wieder einige Zeit vergangen ist, als ich Euch das letzte Mal geschrieben hatte, will ich nun heute Eure Briefe und Karten beantworten, zumal ich heute einen besonderen Anlaß zum Schreiben habe: Wir waren gestern in Dänemark, in Sonderburg.
Selbstverständlich haben wir wieder wie die Fürsten im Frieden gelebt und die unmöglichsten Sachen hier mit angeschleppt. Schade, daß am Wochenende die meisten Geschäfte schon geschlossen hatten, es waren noch Kaffees und Lebensmittelhandlungen geöffnet. Da haben wir uns dann auch die Kostbarkeiten herausgeholt! Was führen die Menschen dort mitten im Kriege ein fantastisches Leben!
Das Päckchen habe ich bis heute noch nicht erhalten. Wann hattet Ihr es eigentlich abgesandt? Und Erdbeeren habt Ihr auch mitgeschickt? Wie konntet Ihr nur wieder so einen Blödsinn machen? Ich war deshalb wüst in Braß!
Jetzt bitte ich um einen Rat von Papa: Ich verfolge die Absicht, mir ein Bankkonto anzulegen, auf das mein gesamtes Gehalt kommt. Ich will also davon nichts anrühren, sondern nur mit meinen 60,- RM Wehrsold im

Monat und den Postersparnissen wirtschaften. Wird sich das lohnen, ein solches Konto an der Braunschweiger Staatsbank anzulegen?
Für heute bleibe ich nun mit vielen herzlichen Grüßen

Euer Horst

Mürwik, am 7. Aug. 1944

Ihr lieben Alle!

Zunächst sage ich Helmut meinen herzlichsten Dank für den lieben Brief; bekam ich doch auch mal einige Nachrichten von Euren Ferien.
Am Sonnabend bekam ich nun ein Päckchen, es war aber nicht das schon seit langem erwartete, geschweige denn überhaupt an mich adressiert. Ich sollte es noch am gleichen Tage gegen das meine, welches sich noch auf dem Bahnhof herumtrieb, eintauschen. Leider oder Gott sei Dank kam ich nicht dazu, da ich weder Zeit noch Lust nach einem anstrengenden Sonderdienst (!) hatte zum Bahnhof zu fahren!
So habe ich mich dann am heutigen Abend auf die Socken gemacht, um das kostbare Stück zu holen. Mit leeren Händen kam ich gegen alle Erwartungen zurück. Das Päckchen sei zwar am Sonnabend dort angekommen! Man konnte jetzt aber weder Päckchen noch den Begleitschein auffinden. Auf die Frage eines Beamten hin, welchen Inhalt das Päckchen habe, erwiderte ich nur „Oberhemden und so“. Und bekam dann gleich die niederschmetternde Antwort „Nur kein Obst, sonst könnte es vielleicht vernichtet sein“. Hieraus schließe ich, dass es nun wirklich so ist, und deshalb bin ich wüst in Braß! Vielleicht auch nur, weil Ihr Obst mit in das Päckchen hineingetan habt. Wie konntet Ihr nur

wieder so einen Riesenfehler machen? Jetzt sitze ich nun hier mit meinem Talent und ohne Oberhemden und weiß nicht, was ich anfangen soll. Was war überhaupt alles in dem Päckchen enthalten? Ja, hoffentlich wird sich noch alles zum Guten wenden!
Mir geht es augenblicklich gut, was ich auch von Euch wünsche. Wie war eigentlich der letzte Angriff für Euch? Wir haben hier nur sehr viel Fliegeralarm. Wir sehen dann die Geschwader landeinwärts ziehen; das ist dann aber auch alles.
Für heute viele herzliche Grüße

Euer Horst

Mürwik, am 12.8.44

Ihr lieben Alle!

Vorgestern habe ich Euren lieben Brief Nr. 12 erhalten. Ich sage Euch dafür meinen allerherzlichsten Dank. Ja, die Sache mit dem Päckchen ist ja doll. Im letzten Brief habe ich ja schon etwas davon mitgeteilt. Das Päckchen war hier in Flensburg, ich hatte ja den Abschnitt des Frachtbriefes bekommen. Bis jetzt habe ich noch nichts wieder unternommen; man wollte mich ja benachrichtigen oder mir das Päckchen zusenden. Aber leider habe ich noch nichts wieder zu Ohren bekommen. Ich möchte einmal wissen, was überhaupt mit dem Paket los ist. War die Verpackung vielleicht nicht sorgfältig genug, oder was könnte sonst in Betracht gezogen werden? Eines beruhigt mich aber, nämlich, daß die Früchte konserviert waren. Sonst hätte ich es schon aufgegeben!
Auf das Konto werde ich jetzt sowieso verzichten; denn wenn jetzt mein Gehalt an Euch überwiesen und nicht,

wie bis jetzt, an mich ausgezahlt wird, könnt Ihr das Geld ja selbst zur Bank bringen. Ist das eigentlich auf dem Abschnitt vermerkt, für welchen Monat das Geld ist? Wenn ja, teilt es mir dann bitte immer mit, damit ich immer auf dem Laufenden bleibe. Ich glaube, das letzte Mal war für Monat August. Stimmt's?
Vorgestern erhielt ich auch noch ein Expreßpaket von Rümmer. Es war nur sechs Tage unterwegs. Der Kuchen und die Kaffeestreifen haben uns allen ausgezeichnet gemundet. Na, die Schickerei hat jetzt ja endlich auch ein Ende.
Transportiert die Bahn eigentlich noch Pakete?
Der Lehrgang geht hier auch so ganz allmählich seinem Ende entgegen. In fünf Wochen haben wir voraussichtlich schriftliche Prüfung. Wenn ich Glück oder Pech habe, ich weiß nicht, was ich nehmen soll, dann fällt sie vielleicht auf den 17.9. Die mündliche Prüfung wird dann wohl eine Woche später sein. Ende September werden wir dann wohl wieder hier verschwinden. Wohin?
Selbstverständlich muß vorher noch wüst gelernt werden!!! In der Hoffnung, daß es Euch recht gut geht, was ich auch von mir behaupten kann, bleibe ich mit vielen herzlichen Grüßen

Euer Horst

Lieber Papa! Zu Deinem kommenden 45. Geburtstag sende ich Dir meine herzlichsten Glückwünsche.
Hoffentlich kannst Du diesen Tag noch recht, recht oft bei einiger Gesundheit und bester Zufriedenheit begehen! Von ganzem Herzen wünsche ich Dir die volle Gesundheit zurück. Für Euch alle wünsche ich nun einen herrlichen Festtag. Dein Horst

Mürwik, am 18. August 44

Ihr lieben Alle!

Für Eure Briefe vom 11. und 13.8. sage ich Dir, liebe Mama, und Dir, Dieter, meinen herzlichsten Dank. Mein Päckchen habe ich noch nicht erhalten. So was Dummes aber auch!

Heute erhielt ich Post von Scheibners. Sie haben viel mit Angriffen zu tun. Anfang Juni ist die Tante gestorben. Erich war kurz nach Pfingsten auch in Urlaub. Herr Berger ist bei einem Bombenangriff russischer Schlachtflieger verwundet worden. Eine ganze Anzahl Bombensplitter sollen ihn am Kopf, an der Brust, an den Armen und Oberschenkeln mehr oder weniger schwer verwundet haben. Er liegt in Kolin (Prag) im Lazarett. Scheibners selbst geht es, der Zeit entsprechend, gut.

Und nun zu Deinem Brief, lieber Dieter. Mit Eurem Einsatz von sechzehn Stunden bewundere ich Euch. Das kann ich mir vorstellen, daß Ihr wie die Schweine ausgesehen habt. Ich hatte in Norwegen bei einem ähnlichen Einsatz schon nach acht Stunden genug.

Du willst also das alte Fähnlein 3 übernehmen. Wer führt augenblicklich überhaupt den Jungstamm? Wer und was ist der Bannführer eigentlich? Wie sieht es überhaupt bei den Mädeln aus? Ich habe zwar vor einigen Tagen zum Bann geschrieben, glaube aber kaum, daß ich je eine Antwort bekomme. Na, ich rege mich nicht über diese Zustände auf.

Ist oder war Heinz Kiekenap eigentlich im Urlaub? Oder will sein Vater ihn hier besuchen? Hoffentlich habt Ihr etwas Vernünftiges mitgegeben.

Soeben war Fliegeralarm, allerdings nur ganz kurz, aber mir genügte es. Ich bin dann erst Abendessen gegangen. Es gab Pellkartoffeln, Gemüse und Fleischfrikadellen, außerdem zwei Scheiben Brot und Quark. Ich

habe schon wieder einen Hunger - und vor morgen früh gibt es nichts wieder! Morgen schreiben wir die letzte Arbeit in Mechanik, in der kommenden Woche am Freitag in Maschinenkunde. E-Technik wird wohl auch bald wieder reif sein. Dann haben wir nur noch die Prüfungsarbeiten zu schreiben.
Ich hoffe, daß Ihr morgen recht gut feiern könnt; ich feiere auch, nämlich am Gruppenabend.
Für heute bleibe ich mit den herzlichsten Grüßen

Euer Horst

Mürwik, am 25. Aug. 44

Ihr lieben Alle!

Für Euer Päckchen habt herzlichsten Dank. Ich erhielt es wohlbehalten am letzten Sonnabend, als ich gerade von der Segelregatta zurückkam. Heinz Kiekenap habe ich allerdings nicht mehr gesehen, da er am Montag höchstwahrscheinlich schon abkommandiert wurde. Sehr vernünftig war, daß Ihr einige Textilien beigelegt habt. Habe ich gar keine alten Hemden mehr, daß Ihr nun neue schicken müßt?
Am 14. September haben wir schriftliche Prüfung. In drei Wochen ist also das Schlimmste vorüber. Die mündliche Prüfung wird wohl nicht sehr schwer werden. In vier Wochen ist dann auch bald der Lehrgang vorbei. Bis dahin werden wir noch so manche Stunde wüst arbeiten müssen. Hoffentlich geht alles klar! Wie steht Ihr zu den neuen Einschränkungen? Wir haben jetzt auch mehr Dienst (Sonnabends und Sonntags). Der Zivilbevölkerung gegenüber ist das aber immer noch gering. Für heute bleibe ich mit den herzlichsten Grüßen

Euer Horst

Mürwik, am 31.8.44

Ihr lieben Alle!

Ich habe Euch eine sehr seltene Mitteilung zu machen: Wenn Ihr am Sonnabendabend nach 20 Uhr Radio hören solltet, so könnt Ihr Glück haben, daß Ihr vielleicht eine Sendung von der Marineschule zu hören bekommt. Ich glaube aber kaum, daß diese über den Deutschlandsender geht, sondern vielleicht nur über die vielen Soldatensender. Morgen beginnen wir mit den Mikrophonproben und den ersten Tonaufnahmen für diese Sendung. Toll, was? Ich habe sogar auch das Glück, mitwirken (mitsingen) zu dürfen.

Für den Brief 16 danke ich Dir, lieber Papa, recht herzlich. Gefreut habe ich mich über die Nachricht, daß trotz aller Schwierigkeiten etwas Positives gegen Dein Rheuma unternommen wird. Wenn Du erst einmal zur Kur warst, wird dies schon besser geworden sein. Ich hoffe es wenigstens und wünsche es Dir von ganzem Herzen.

Um das Päckchen konnte ich mich leider noch nicht kümmern. Ich war letztens einmal dort, damals war aber der maßgebende Herr nicht anwesend. Am Montag werde ich hoffentlich Glück haben!

Die letzten Maschinenkunde- und E-Technik-Arbeiten haben wir in den letzten Tagen geschrieben.

Maschinenkunde wird nicht sehr gut ausgefallen sein. In E-Technik dagegen habe ich sämtliche Fragen richtig beantwortet und berechnet. Am Sonnabend folgen noch Mathematik und Mechanik. Dienstkenntnis vielleicht in der kommenden Woche. Dann kommen die Prüfungsarbeiten.

Für heute bleibe ich nun mit den besten Wünschen und vielen herzlichen Grüßen

Euer Horst

Mürwik, am 9. Sept. 44

Ihr lieben Alle!

Am Montag war ich auf dem Bahnhof und habe mich nach dem Päckchen erkundigt. Ich brachte dabei folgendes in Erfahrung: Vor vier Wochen war hier mein Frachtbrief angekommen. Mit ihm ein Päckchen unter derselben Nummer (488). Es fehlen nun mein Päckchen und der Frachtbrief zu jenem anderen, diese beiden sollen bis heute noch nicht hier angekommen sein. Es wurden mir nun der Frachtbrief und jenes Päckchen zugestellt. Zwei Tage später lieferte ich jene Sachen wieder auf dem Bahnhof ab, in der Hoffnung, die meinigen dafür zu erhalten. Den großen Teil des Frachtbriefes fand man schon nach zwei Tagen damals nicht wieder. Ich nehme nun an, daß man das Päckchen, wie auch den Frachtbrief, verloddert hat, und zwar hier auf dem Bahnhof.
In einer Woche haben wir nun schon unsere schriftliche Prüfung hinter uns. Am 14.9. schreiben wir in Maschinenkunde, Schiffbau, Mathematik und Dienstkenntnis, am 15.9. in E-Technik, Chemie, Mechanik und wieder in Dienstkenntnis unsere Prüfungsarbeiten. Eine Woche später, am 25. und 26.9. haben wir dann noch die mündliche Prüfung zu bestehen.
Nach einigen Ruhetagen werden wir wohl dann zum 1.10. abkommandiert. Wohin - weiß ich immer noch nicht. Das Wort Urlaub möchte ich jetzt in keinem Brief mehr lesen. Es stimmt schon, was ich in einem der letzten Briefe schrieb. Und jede Minute, die ich nicht unter Kameraden bin, ist für mich verloren.
Für heute bleibe ich mit vielen herzlichen Grüßen

Euer Horst

Mürwik, am 17. Sept. 44

Ihr lieben Alle!

Für Eure lieben Glückwünsche zu meinem heutigen Geburtstag sage ich Euch meinen allerherzlichsten Dank. Gleichzeitig möchte ich mich für das Päckchen bedanken. Ich werde es allerdings erst morgen von der Bahn abholen.
Die Prüfung haben wir nun ohne Verluste zur völligen Befriedigung überstanden. Bis auf Chemie habe ich wohl alle Arbeiten gut geschrieben. Die mündliche Prüfung am 25. und 26. wird wohl nicht sehr gefährlich für mich werden. Am 29. oder 30. September werden wir dann wohl abkommandiert. Schickt also bitte keine Päckchen mehr. Welche Nachrichten habt Ihr von Hans-Dieter? Ist Helmut eigentlich auch mit? Er schrieb in seinem letzten Brief immer von „Wir“. Von Halle und Rümmer habe ich auch schon ein Päckchen bekommen. I. Schesmer hatte mir auch geschrieben. Es geht ihm soweit noch ganz gut.
Mit vielen herzlichen Grüßen bleibe ich

Euer dankbarer Horst

Mürwik, am 24.9.44

Ihr lieben Alle!

Für Eure lieben Briefe Nr. 19 und 20 und besonders für das köstliche Päckchen sage ich Euch meinen allerherzlichsten Dank. Der Inhalt hat mir teilweise schon ausgezeichnet gemundet. Ich muß Dir hier, liebe Mama, ein ganz großes Kompliment machen. Um das alte Päckchen konnte ich mich in der letzten Woche nicht kümmern - es war ja viel zu lernen da. In der nächsten

Zeit werde ich aber gute Gelegenheit haben, mich bei dem Paketzusteller danach zu erkundigen. Wir haben nämlich nach diesem Lehrgang hier noch unseren Werkstättenlehrgang hier zu beenden. Dies wird wohl wieder ein Vierteljahr in Anspruch nehmen. Höchstwahrscheinlich werden wir nur ganz kurz umziehen müssen. Das macht ja nicht sehr viel Arbeit.
Es freut mich, daß Dieter und Helmut wieder aus dem Westen zurückgekehrt sind. Das war doch wohl ungefährlich im jetzigen Kampfraum?
Viel geleistet haben sie doch sicher nicht. Für den Brief 21 vielen Dank. Ihr wollt Euch nicht gewundert haben? Dem Briefinhalt zu folgen wird es genau das Gegenteil gewesen sein. Außerdem ist es nicht so „Wie es bestimmt ist, so kommt es“, sondern wie man sich auf alles vorbereitet, und wie man es anfaßt. Es liegt also am Menschen ganz allein. Wenn es so ist, wie Ihr schreibt, könnte ich ja den Dingen ihren Lauf lassen und sagen „Es ist so bestimmt“. Also, mit solchen Sachen kommt mir nicht mehr.
Die Rümmerschen fragen in jedem Brief an, wann ich in Urlaub komme. Ich habe Euch seinerzeit meine Ansicht geschrieben, und ich bleibe dabei. Ihr braucht Euch also keinen falschen Hoffnungen hinzugeben, es bestehen keine Chancen. Schließlich sind wir Offiziersanwärter, und von uns wird eben mehr verlangt, als von anderen Soldaten! Für heute viele herzliche Grüße

Euer Horst

Mürwik, am 25. Sept. 44

Liebe Eltern und Brüder!

Den ersten Tag der mündlichen Prüfungen habe ich gut

überstanden, das heißt, es war gar nicht so gefährlich. Morgen Nachmittag werden wir noch in Maschinenkunde und Elektrotechnik geprüft, und dann haben wir es geschafft!!!
Am Donnerstag wird dann höchstwahrscheinlich für uns der große Augenblick sein, mit anderen Worten: Es gibt wieder „Lametta“ in Form einer silbernen Portepees. Jetzt haben wir so ziemlich alles, was ein Herz begehrt. Jedenfalls sehen wir schon sehr „alt“ aus. Wenn man so bedenkt, wie wir hier herumlaufen und wie man uns hier behandelt, wie soll es dann hergehen, wenn ich einmal das Glück haben werde, in Urlaub fahren zu dürfen? Nach den neuesten Informationen werden wir nun auch nicht hier bleiben, sondern wir sollen doch abkommandiert werden. Wohin, wurde auch gesagt, es ist aber noch nicht bestimmt, und ich glaube noch nicht daran.
Wie hat es den beiden „Arbeitsmännern“ in ihrem Westeinsatz gefallen? Viel geschafft haben sie doch sicher nicht, sie waren ja nicht lange dort. Dieter wollte mir in meinem kommenden Urlaub etwas berichten. Ich hoffe doch, er wird es mir im nächsten Brief mitteilen? Was macht eigentlich Helmut mit dem Ausschlag an den Beinen? Hoffentlich ist soweit alles wieder hergestellt! Und wie schmeckt jetzt wieder die Schule?
Papa wird jetzt wohl doch zur Kur fahren. Oder ist schon wieder etwas dazwischen gekommen?
Übermorgen werde ich höchstwahrscheinlich ein Paket abschicken, alle überflüssigen Sachen und Bücher und Themenhefte enthaltend. Ich lasse es Euch mit der Post zukommen, ich glaube, das ist sicherer. Um das alte Päckchen kann ich mich nun nicht mehr kümmern. Der Paketbote versieht jetzt auch woanders wichtigeren Dienst. Ich bleibe mit vielen herzlichen Grüßen

Euer Horst

Mürwik, am 28.9.44

Ihr lieben Alle!

„Toni, Hans, Paula“, das heißt ins Sprachdeutsch übersetzt: „Diese Übung ist beendet“. Den ganzen Tag über werden diese Flaggen auf dem Turm der Marine-Schule flattern. Schon gestern war Portepeeverleihung. Jeder empfing in einer eindrucksvollen Feierstunde aus der Hand des Schulkommandeurs, Brillantenträger Kpt.z.S. Lüth das Portepee. Danach wurde dieses große Ereignis natürlich ordentlich begossen. Anschließend wurden, schon weit nach Mitternacht, die letzten „Bolzen“ gedreht. Die einen stellten an der Uhr herum, räumten das Kompaniechefzimmer vollkommen aus oder verbarrikadierten die Kammern der Offiziere und stellten deren Telefone ab, so daß sie noch eben drin sitzen, da die Fenster auch dichtgesetzt wurden.
Übermorgen werden wir dann nach Kiel abfahren. Dies soll von hier der letzte Brief sein, ich habe jetzt doch keine Zeit mehr hier. Für heute viele Grüße

Euer Horst

MKS - Kiel

„New York", d. 3.10.44

Ihr lieben Alle!

Nach einer kurzen Reise sind wir hier an unserem neuen Kommando angekommen, machen sogar schon den zweiten Tag Dienst. Unterwegs hatten wir noch einen seltsamen Zwischenfall: Zwei Stationen hinter Flensburg wurde unser Zug von zwei englischen Tieffliegern angegriffen. Ich saß gerade nach der Angriffsseite und sah sie ganz genau anschweben, in der Meinung, es seien deutsche Maschinen. Ungefähr zwanzig Meter über dem Erdboden dahin rasend eröffneten sie auf vielleicht 150m das Feuer. Gott sei Dank haben es die Tommys bei solchen Angriffen nur auf die Lokomotiven abgesehen. Ihr Ziel hatten sie dann auch mit einigen wenigen Feuerstößen erreicht. So mußten wir zwei Stunden auf eine neue Maschine warten. Kaum waren wir dann spätabends am Bestimmungsort angekommen, als wir auch schon in den Bunker mußten. Die Stadt, es handelt sich um Kiel, haben wir uns noch nicht ansehen können. Die Zerstörungen und Beschädigungen sind nur an bestimmten Stellen sehr stark. Zum Glück und zu unserer Befriedigung haben wir auch noch keinen weiteren Fliegeralarm gehabt.
Habt Ihr das Päckchen von Mürwik schon erhalten? Die Protokolle könnt Ihr vielleicht in einem Schnellhefter sammeln. Ich hoffe, es geht Euch allen noch sehr gut, was ich auch von mir schreiben kann.
Ich möchte nun schließen und bleibe mit vielen herzlichen Grüßen

Euer Horst

„New York“, am 5.10.44

Ihr lieben Alle!

Die Tage vergehen wie im Fluge; der Dienst gefällt uns, und deshalb geht alles vielleicht so schnell vorüber. Je weiter wir nun in den Lehrgang hineinkommen, umso mehr stellen wir fest, was wir an überflüssigen Sachen hier haben und welche wir benötigen, das heißt mit anderen Worten, Ihr habt in der nächsten Zeit ein Päckchen von mir zu erwarten, und ich trete mit der Bitte an Euch heran, mir auch ein kleine Päckchen zu packen. Und zwar benötige ich folgende Sachen:
Das graue Werkstattbuch (mit Zeichnungen angefertigter Werkstücke), die geschriebenen und gedruckten Unteroffizierthemen aus der Rekrutenkompanie (Gewehr 98, Pistole 08, Ehrenbezeugungen, usw.), meinen von Oma seinerzeit gestrickten grünen, ärmellosen Pullover, ein paar gestrickte graue Wollsocken. Wenn Ihr sie nicht gerade zur Hand habt, könnt Ihr sie mir später schicken. Wenn Du, liebe Mama, extra welche stricken mußt, bitte nicht zu lang, es sollen ja nur Socken sein, in Fuß aber groß genug. Das Päckchen schickt dann bitte mit der Post. Ratsam wäre es vielleicht noch, dasselbe zu versichern und unter „dringend“! Ich benötige vor allem die Themen und das Werkstattbuch wirklich sehr dringend!
Heute und gestern Abend hatten wir unseren zweiten und dritten Fliegerlarm; Gott sei Dank ohne jede Ereignisse und Zwischenfälle! Kommt die Post von Mürwik eigentlich zurück? Ich habe bis jetzt noch nichts erhalten. Mir geht es gut, fast ausgezeichnet. Dasselbe erhoffe ich von Euch allen. Mit vielen herzlichen Grüßen bleibe ich für heute

Euer Horst

„New York“, am 12. Okt. 44

Mein lieber Papa!

Nachdem ich nun die Anschrift Deines Kurhotels von Dieter erfahren habe, will ich Dich auch nicht länger im Ungewissen und ohne ein Lebenszeichen von mir lassen.
Ich hoffe und wünsche Dir, daß Dir die erste Woche Deines dortigen Aufenthalts recht gut bekommen ist, indem schon eine Besserung Deines elenden Leidens zu verspüren ist. Außerdem mögen Dir das Leben, die Menschen und die herrlichen Berge recht gut gefallen. Sicherlich wirst Du schon einige Ausflüge in die nette Bergwelt hinein unternommen haben. Oder hat man Dich auf der Kammer gefangen gesetzt?
Mich hat es nun hier nach Kiel verschlagen! Du brauchst also des Ortes „New York“ wegen nicht zu erschrecken. Es handelt sich hierbei um den ehemaligen Ozeanriesen der Hapag „New York“, unserem augenblicklichen Wohnschiff. Das Leben hier ist bis auf die ständigen Fliegeralarme ganz erträglich. Eingelebt habe ich mich auch schon vollkommen, schließlich bin ich ja nun auch bald vierzehn Tage hier. Wie rasend schnell doch die Zeit vergeht. Kiel habe ich mir einmal am vergangenen Sonnabend angesehen. Es war einfach trostlos! Es steht im wahrsten Sinne des Wortes fast kein Haus mehr. Dies wirkt sich auf mich nun dahingehend aus, daß ich besser daran tue, ich bleibe, wenn es unbedingt möglich ist, an Bord.
Hier können wir uns ja zur Genüge beschäftigen. Allabendlich ist Kino, Briefe werden geschrieben, etwas gelesen, usw. Jeder ist größtenteils mit sich selbst beschäftigt. Gestört wird man bei diesen Arbeiten kaum. Wir wohnen nämlich mit zwei Mann auf einer prima ausgestatteten Kammer. Mein Stubenkamerad ist Rolf

Lorisch aus Hannover. Von Herrn Schesmer erhielt ich vor einigen Tagen einen Brief. Er wird jetzt mit seiner Truppe neu aufgestellt. Einquartiert sind sie dreißig Kilometer von Flensburg entfernt. Er wollte mich dort einmal besuchen, aber das ist nun leider wieder aus, wo ich nun hier in Kiel bin. In Frankreich hat er Gott sei Dank so schlecht und recht alles überstanden!
In der Hoffnung, daß es Dir recht gut geht, bleibe ich mit vielen herzlichen Grüßen

Dein Horst

„New York", am 16.10.44

Ihr lieben Alle!

Für Eure Briefe Nr. 22 und 23 möchte ich mich einleitend erst einmal recht herzlich bedanken. Außerdem beglückwünsche ich Dich, lieber Dieter, zu Deiner Beauftragung zum Jungstammführer. Hoffentlich wird Dir das neue Aufgabengebiet recht viel Freude und Spaß bereiten, vielleicht wird sogar mal wieder etwas „positive Arbeit" geleistet. Vergiß dabei aber um Gottes Willen nicht die Schule, Du wirst es schon nach einem Jahr bitter bereuen. Bedenke, daß sehr viel vom Abitur und den Zeugnissen abhängt.
Mamas Brief brachte ja sehr viele Neuigkeiten. Wie kommt es, daß plötzlich so viele Urlauber im Dorf herumkrebsen? Über Roman Surma habe ich mich ja sehr gewundert. Na ja, er war ja schon immer ein wüster Rabauke. Im Übrigen würde ich aber etwas mehr an das Wörtchen „PST" denken, von Fliegerangriffen, usw., darf man nicht schreiben, schließlich ist doch so etwas fast geheim.
Neuerdings erwarte ich nun sehnlichst Euer Päckchen.

Seit wann und weshalb wird für Soldaten eigentlich nichts mehr befördert? Vielleicht deshalb, damit sich die Zivilisten ihre Plünnen untereinander schicken können? Aber schließlich könnt Ihr es im nicht zu wünschenden Falle an eine Familie hier in Kiel schicken! Mein Päckchen werdet Ihr schon erhalten haben? Übrigens: Hattet Ihr das Paket als Wertpaket aufgegeben?
Wie konntet Ihr nur wieder Wurst und Butter mitschicken? Das meiste davon werden doch wieder unsere „Haustierchen“ fressen, das sind Kakerlaken. Ich weiß nicht, wie sie anders genannt werden.
Sind die Rümmerschen der Bilderabsage und des „gewürzten“ Briefes wegen mir eigentlich böse? Oder weshalb hüllen sie sich so in Schweigen?
Für heute wünsche ich Euch Dreien nun alles Gute und bleibe mit vielen herzlichen Grüßen

Euer Horst

„New York“, am 19.10.44

Ihr lieben Alle!

Dein Brief Nr. 24, liebe Mama, hatte mich sehr erschreckt, ich habe ihn vor wenigen Augenblicken erhalten. Die Nachricht von dem Angriff auf Braunschweig war mir vollkommen neu. Leider war ich in den letzten Tagen nicht dazu gekommen, Radio zu hören. Heute Vormittag schon erhielt ich ein Paket von Rümmer. Onkel Erich schreibt mir darin auch vom Angriff. Ich hatte aber nicht gedacht, daß es so schlimm geworden ist.
Meinen Brief Nr. 45 werdet Ihr wohl schon erhalten haben. Ich trete jetzt zum letzten Mal mit der Bitte an Euch heran. Schreibt nach solchen Anlässen nicht so

viele Einzelheiten wie jene Sache mit der Brauerei oder der Ölleitung. Es ist ja vollkommen nebensächlich, ob ich jenes weiß; ganz nebenbei interessiert es mich nicht im Geringsten. Zudem sind solche Mitteilungen verboten und schadhaft nur für uns selbst. Also seid in nächster Zeit bitte etwas wählerischer. Noch eine Bitte habe ich an Euch, einige Zeitungen nach diesem Angriff könnt Ihr mir, in Bündeln zu 3-4 Stück gesammelt, schicken! Bestellt aber um Gottes Willen nicht extra für mich. Es interessiert mich, was jetzt so in der BTZ steht. Papa hatte mir vor wenigen Tagen auch eine kurze Karte geschrieben. Wie kannst Du, Mama, nur fragen, ob es nötig ist, daß Onkel Erich zum Westen kommt? Es beschämt mich aufs Tiefste. So allmählich müßt Ihr begreifen, um was es geht und was da „anliegt".
Für heute bleibe ich mit herzlichen Grüßen

Euer Horst

„New York", 24.10.44

Ihr lieben Alle!

Zuerst möchte ich Euch einen kleinen Stein vom Herzen nehmen, Euer Päckchen habe ich vorgestern wohlbehalten in meine Hände bekommen. Inzwischen habe ich mit Rolf die Butter und den Honigkuchen schon verzehrt, das heißt verzehren müssen. Mit der Butter wird es wohl hart an der Grenze gewesen sein, der Honigkuchen war schon teilweise, vor allem innen, angeschimmelt. Alles andere kann ich nun sehr gut gebrauchen. Ich danke Euch für die hierbei angewandten Mühen recht herzlichst.
Wenn Ihr diesen Brief erhaltet, wird wohl Papa auch schon bald wieder bei Euch eintreffen. Für seine Karte

vom 11.10. konnte ich mich bis heute nicht bedanken. Er soll mir deshalb bitte nicht böse sein. Ich will es nun an dieser Stelle nachholen, denn nach Bayern hinunter wird es Dich doch nicht mehr erreichen.
Inzwischen habt Ihr schon wieder viel Alarm, und wenn ich nicht irre, auch zwei Angriffe durchmachen müssen. Ich hoffe, Ihr habt alles gut und gesund überstanden. Irgendwelche Schäden sind doch wohl nicht entstanden! Wir sind bis jetzt verschont geblieben, und bleiben es hoffentlich auch weiterhin. Hier kann ja nicht mehr viel zerstört werden.
Ihr macht aber neuerdings alles entzwei; Waschmaschine, Radio! Bekommt Ihr es wenigstens repariert oder muß ich mal kommen?
Für heute bleibe ich mit vielen herzlichen Grüßen

Euer Horst

„New York", am 3. Nov. 44

Ihr lieben Alle!

Es wird schon wieder einmal langsam Zeit, daß ich etwas von mir hören lasse. Ein alter Monat ging zu Ende, ein neuer begann, und ehe wir uns versahen, waren die Tage nur so dahingegangen.
Für Helmuts unnummerierten, für Dieters Nr. 25 und für Papas Karte aus Bad Gastein sage ich Euch allen meinen herzlichsten Dank. Meine letzten Briefe werdet Ihr doch hoffentlich alle erhalten haben. Ich hatte darin einige Wünsche geäußert. Nämlich: Ihr möchtet mir etwas schwarzen Twist (für die schwarzen Seidenstrümpfe) und etwas weißen schicken (für Unterzeug). Außerdem hatte ich um ein paar Zeitungen nach dem Angriff gebeten. Na, vielleicht ist alles nur so lange

unterwegs. Dieter verheimlicht mir auch schon seit langem etwas. Er wollte es mir in meinem nächsten Urlaub sagen. Wie aussichtslos lange das ist, weiß er. Ich bitte ihn jetzt zum dritten und letzten Mal darum, es mir umgehend mitzuteilen!
Außerdem finde ich es eine große Unverschämtheit von ihm mir gegenüber, daß ich erst von Rümmer erfahren mußte, daß er sich freiwillig gemeldet hat. Wohin und als was, brauch' ich ja als Bruder gar nicht zu wissen!!!
Es ist ja eine Selbstverständlichkeit, daß Du Dich freiwillig meldest, wo jetzt die Schule ihre Pforten geschlossen hat. Aber trotzdem brauchst Du mich nicht so stiefmütterlich behandeln, Bürschchen!
Inzwischen wird nun auch Papa wieder einige Zeit unter Euch weilen. Es würde mich ungeheuer freuen und glücklich machen, wenn ich Deinen Worten, lieber Papa, „Die Kur bekommt mir ausgezeichnet wohl", Glauben schenken könnte. Es ging Dir doch früher Deiner Meinung nach auch dann gut, wenn es wirklich nicht so aussah. Ich bin nur gespannt auf den angekündigten Bericht.
Wie kommt Ihr mit der neuen Einquartierung aus? Hoffentlich doch gut und reibungslos! Was sind es eigentlich für Leute? Stimmt Onkel Erichs Angabe, wonach sechshundert Bombengeschädigte im „lütten" Dibbesdorf untergebracht sein sollen? Dann seid Ihr ja zu einer kleinen Großstadt geworden! Wo wohnen denn die vielen Leute alle? Ich hätte es nie gedacht, daß man bei Euch auch so gut stauen kann wie bei der Kriegsmarine.
Wie ist das Wetter eigentlich bei Euch? Onkel Erich wünscht sich in jedem Brief Regen, und hier ist es laufend am Nieseln. Wenn wir unsere Aufmärsche hinter uns haben oder wir vom Exerzierplatz vom „Invasionsdienst" zurückkommen, sind wir immer naß

wie die Pudel. Kalt ist es auch schon „wie Hund“ hier. Vor einigen Tagen hatte es sogar schon etwas geschneit. Typisch Kiel, kann man da nur sagen!
Ach ja, fast hätte ich es vergessen. Ich besitze nur ein Paar dünne Wildlederhandschuhe, die ich unmöglich beim Außendienst jetzt anziehen kann. Schickt mir bitte ein Paar wollene Fausthandschuhe. Sicher werdet Ihr noch welche von mir haben. Am besten ist es als ganz kleines Einschreiben. Laßt mich aber bitte nicht zu lange frieren. Ich will nun für heute schließen.
In der Hoffnung, es geht Euch allen ausgezeichnet, was ich von mir auch berichten kann, bleibe ich mit vielen herzlichen Grüßen

Euer Horst

„New York“, am 8. Nov. 44

Ihr lieben Alle!

Euren Brief Nr. 26 habe ich heute mit größter Freude in Empfang genommen. Meinen herzlichsten Dank dafür. Die Post geht ja heutzutage verdammt lange. Erhaltet Ihr wenigstens meine Briefe alle? So werdet Ihr wohl auch bald auf die darin geäußerten Wünsche eingehen.
Selbstverständlich habe ich nach Sisbeck geschrieben, habe aber keine Antwort bekommen.
Wie soll ich hier wohl etwas basteln können? Laßt man Dieter etwas bauen, das heißt wenn er noch so viel Zeit für mich übrig hat.
Reklamiert mein Päckchen beim Postamt Mürwik, aufgegeben am 28.9. als Wertpaket (100,- RM). Von hier habe ich noch keines abgeschickt, das ist mir zu unsicher.
Wie geht es Dieter, wie geht es Euch allen noch? Papa

wird mir doch wohl bald seinen großen Erlebnisbericht schicken. Hoffentlich geht es ihm auch wirklich gut.
Für heute bleibe ich mit herzlichen Grüßen

Euer Horst

„New York", am 12. Nov. 44.

Ihr lieben Alle!

Schon seit einigen Tagen warte ich auf ein Lebenszeichen von Euch. Aber vergebens, nie habe ich Post. Das scheint allerdings momentan überhaupt nicht mit dem Briefverkehr zu klappen. Machen das die laufenden Störungen der Amerikaner? Hoffentlich habt Ihr dann aber wenigstens meine Briefe erhalten. Etwas Besonderes hat sich hier noch nicht wieder ereignet.
Gestern hätten wir eigentlich Bergfest feiern können: Wir waren nämlich genau sechs Wochen hier, und damit hatten wir die Hälfte des Lehrgangs hier schon wieder herum. Wie doch die Zeit vergeht.
Wenn Ihr Euch jetzt die Mühe macht und nachrechnet, wann die andere Hälfte des Lehrgangs herum ist, so werdet Ihr wohl auf den 23. Dezember tippen. Dies wird dann wieder unser Reisetag sein zum neuen Kommando. Wenn wir Glück haben, sind wir Weihnachten schon da. Ich hoffe es jedenfalls!
Es ist, wenn man hieraus folgert, nur zweckmäßig, wenn Ihr mir kein Päckchen zu Weihnachten schickt. Denn erstens werden sie doch nicht pünktlich hier ankommen, und zweitens will der Kompaniechef den verderblichen Inhalt sämtlicher nachkommender Päckchen verteilen, damit die Post nicht überlastet wird!
Gebt Euch aber um Gottes Willen keinen Illusionen hin, wenn Ihr hofft, ich könne Weihnachten in Urlaub, da

dies gerade so schön mit dem Abschluss des Lehrgangs zusammenfällt. Auf dem Gebiet besteht für uns überhaupt keine Chance.
Wie geht es Euch noch? Mir geht es in allem ausgezeichnet. Was macht Papa? Dieter führt wohl ein ganz faules Leben, wenn er augenblicklich nicht zur Schule braucht. Die letzten Angriffe habt Ihr doch hoffentlich ohne Schaden überstanden.
Mit vielen herzlichen Grüßen bleibe ich

Euer Horst

„New York“, am 17. Nov. 44

Ihr lieben Alle!

Für Eure Briefe Nr. 27 und 28, die ich vor einigen Tagen nacheinander erhielt, habt vielen herzlichen Dank. Ich habe mich sehr gefreut, auch einmal etwas von Euch zu erfahren; die Post erreicht uns ja neuerdings nur sehr, sehr spärlich.
Wie sich die Sache mit Zulassungsmarken für Weihnachtspäckchen verhält, habe ich schon einmal klargestellt. Im Übrigen werden wir neuerdings mit einer „halbamtlichen“ Äußerung des Kompaniechefs schon am 16. Dezember abkommandiert. Wie weit es sich da noch lohnt, ein Weihnachtspäckchen zu senden, müßt Ihr selbst entscheiden können.
Leider haben wir nicht die geringste Ahnung, wohin man uns nun wieder verschlagen wird. Gott bewahre uns für die Dauer des Krieges vor noch weiteren Lehrgängen. Wir wollen zur See fahren und zum Einsatz kommen, und nicht hier an Land „herumgammeln“.
Morgen werde ich zur Abwechslung wieder einmal an Land gehen, werde versuchen, einen Photographen

aufzutreiben, bei dem ich mich photographieren lassen kann. Danach werde ich in einem der wenigen Kaffees meine Kuchenmarken umsetzen, und vielleicht gehe ich sogar noch zum Abendessen. Vorher habe ich allerdings noch einige Einkäufe zu erledigen. Da das Einkaufen mit Geld zusammenhängt, möchte ich gleich mal nach meinem Gehalt von den Monaten Oktober und November anfragen. Habt Ihr es erhalten? Ich hatte Euch doch darum gebeten, mir immer den Betrag mitzuteilen, damit ich weiß, was ich überhaupt verdiene.
Meine in den Briefen Nr. 44 geäußerten Wünsche werden von Euch anscheinend überhaupt nicht beachtet. Ich kann mir nicht denken, daß die Briefe verloren gegangen sein sollen.
Für heute bleibe ich nun wieder mit vielen herzlichen Grüßen

Euer Horst

„New York", am 22.11.44

Ihr lieben Alle!

Zuerst vielen Dank für den etwas kurzen Brief Nr. 29. Ihr müßt, wenn Euch heute die Schrift nicht gefallen sollte, bitte schon mal entschuldigen! Ich habe mir nämlich heute am kleinen Finger der rechten Hand eine Riesenwarze entfernen lassen, so daß ich heute noch nicht wieder schreibfähig bin. Im Übrigen „fahre" ich neuerdings „Schlunz", das heißt ich begebe mich öfter zum Arzt. Ihr braucht jetzt nicht gleich zu erschrecken. Es ist nur ein Zahnarzt. Morgen gehe ich ins Lazarett, um von einem Zahn eine Röntgenaufnahme anfertigen zu lassen. Der Zivilarzt entscheidet dann, ob zwei kleine Füllungen angefertigt werden.

Frau Berg hatte mir gestern auch geschrieben. Sie werden jetzt höchstwahrscheinlich schon evakuiert sein.
Von Rümmer erhielt ich vor wenigen Tagen ein Paket. Der Topfkuchen hat uns, Rolf und mir, ausgezeichnet gemundet. Die Wurst wartet noch darauf. In dem heute erhaltenen Brief kündigt mir Onkel Erich schon wieder ein Päckchen an.
Ist bei Euch auch so schlechtes Wetter? Furchtbar und wieder auch vorteilhaft! Im ersten Fall werden wir beim Außendienst naß und frieren erbärmlich, im anderen Fall belästigen uns die Tommys wenigstens nicht. Habt Ihr eigentlich schon die gewünschten Handschuhe auf die Reise gegeben?
Ansonsten geht es mir ausgezeichnet, was ich auch von Euch allen erhoffe. Wie geht es Papa? Was macht Dieter eigentlich, seit er nicht mehr zur Schule geht? Er führt wohl ein verdammt faules Leben.
Für heute bleibe ich nun mit vielen herzlichen Grüßen

Euer Horst

„New York“, am 24.11.44

Ihr lieben Alle!

Eurem Wunsche entsprechend will ich nun sofort den Empfang Eures Einschreibepäckchens bestätigen. Für die Bemühungen dafür und für Mamas Brief Nr. 30 sage ich Euch meinen allerherzlichsten Dank. Ich habe mich sehr über alles gefreut.
Nur eines kann ich Euch nicht erfüllen: Die Marken schicke ich zurück. Ich kann sie hier wirklich nicht gebrauchen. Zu allem Überfluß habe ich noch 300gr. Fleisch- und über ein halbes Pfund Kuchenmarken. Ich brauch‘ mir ja gar nichts in der Stadt zu kaufen, schließ-

lich werde ich hier vollauf satt. Das Essen schmeckt nämlich ausgezeichnet.
Wenn ich jetzt in Urlaub gekommen wäre, hätte ich ja gar keinen Platz mehr bei Euch. Das Problem der Raumfrage habt Ihr ja raffiniert gelöst.
Die Nachricht von Herbert Beutnagel und D. Günther hat mich sehr überrascht. Schade, schade um die guten Kerle.
Fritz Sch. soll noch auf Feindfahrt sein? Von einem in Mürwik getroffenen Kameraden (Kadett V = Verwaltung) erfuhr ich, daß er mit Lobert in Schleswig auf der MS ist. Außerdem fuhr die „Leipzig", auf der er ja eingeschifft sein sollte, gar nicht an der Front. Vielleicht von Danzig bis Hela und Neufahrwasser!!!
Die Zeitung von Helmut vom 17.10. habe ich nicht erhalten. Habt Ihr die anderen schon abgeschickt?
Zu morgen muß ich noch etwas lernen. Wir schreiben jetzt in jedem Fach die ersten und letzten Arbeiten. Morgen ist MGD (Maschinen-Gefechts-Dienst) an der Reihe. Im Laufe der nächsten Woche noch Werkstoff- und Dienstkunde.
Wenn Dieter jetzt auf dem Bann ist, kann er mir vielleicht den „Kriegsbetreuungsdienst Nr. 10" schicken, wenn ihn auch der Bann bekommt. Der meine vom Gebiet wird wohl verloren gegangen sein. Außerdem kann er die Kameraden da oben einmal von mir grüßen!
Euch allen sende ich nun heute die herzlichsten Grüße

Euer Horst

„New York“, am 29.11.44

Ihr lieben Alle!

Für Helmuts Brief Nr. 31 sage ich Dir meinen herzlichsten Dank. Na, Ihr bastelt ja allerhand schöne und nette Sachen. Auch wir haben hier schon einmal drei Stunden gewirkt. Es geht nämlich immer schichtweise zu je zwölf Mann. Die Anleitungen gibt uns ein Bootsmann, ein Möbelfachmann aus Braunschweig. Er besaß wahrscheinlich das Möbelgeschäft neben unserer Schule, oder arbeitete wenigstens darin.
Beim Zahnarzt fing es ja gleich gut an. Die Röntgenaufnahme entschied für die Zange! Vorgestern wurde der Zahn, der seinerzeit vom dem Dentist auf der Gliesmaroderstr. geflickt worden war, gezogen. Auf beigelegtem Negativ seht Ihr ihn noch einmal. Das Helle ist die Metallfüllung, das Dunkle aber zwischen den Wurzeln ist sich zersetzender Knochen, und deshalb muß der Zahn abgefahren werden. Am Dienstag werde ich jetzt wieder hingehen.
Gestern bekam ich schon wieder ein Päckchen von Rümmer. Die Kekse haben uns schon ausgezeichnet gemundet, der beigelegte Honigkuchen ist morgen reif. Und von Euch soll ich nun auch schon wieder ein Päckchen bekommen? Wir leben ja wie die Fürsten! Es ist äußerst schade, daß mein Paket verloren gegangen ist. Ich werde noch heute in Mürwik reklamieren.
Das Wetter ist momentan richtig naßkalt. Gefroren hatte es in den letzten Nächten auch schon. Die Handschuhe konnte ich schon vorzüglich gebrauchen. Was soll ich nun aber mit der vielen beigelegten Wolle? Soll ich mir davon noch ein paar neue anfertigen lassen? Die Strümpfe werden augenblicklich noch wüst verarztet.
Habt Ihr eigentlich die Briefe 43, 44 und 45 erhalten? In einem davon hatte ich wieder einige Aufnahmen von

Mürwik beigelegt. Ihr hattet noch nichts davon geschrieben.
Von H. Kiekenap erfuhr ich vor kurzem, daß er zur Infanterie abkommandiert wurde. Uns kann jederzeit auch das gleiche Schicksal erreichen.
Sonst hätte ich nichts Besonderes von mir zu berichten. Es geht mir gut, was ich von Euch allen auch erhoffe. Für heute bleibe ich mit vielen herzlichen Grüßen

Euer Horst

„New York", am 3. Dez. 44

Ihr lieben Alle!

Für Papas Brief vom 26.11. sage ich vielen herzlichen Dank. Ich erhielt ihn heute zum Mittagessen. Einleitend möchte ich gleich die Sache mit dem Gehalt klären. Ihr hattet mir noch nicht mitgeteilt, ob das Gehalt von Oktober schon überwiesen worden war. Ich muß das schließlich doch wissen, damit ich jederzeit reklamieren kann.
Na, da hat Papa im Volkssturm einen ruhigen Posten bezogen. Was hat denn Dieter für eine Funktion zu versehen? Der Dienst macht doch sicher Spaß.
Wenn wir jetzt erst einmal vierzehn Tage weiter sind, sieht unsere Welt auch schon wieder wesentlich anders aus. Bekanntlich ist der Lehrgang hier am 16.12. zu Ende. Voraussichtlich werden wir dann zwischen diesem Tag und dem 18.12. abkommandiert. Wohin? - Weiß ich nicht. Jedenfalls, und das steht so gut wie fest, kommen wir auf fahrende Einheiten an die Front. Komme ich wieder nach Norwegen, oder fahre ich in der Nordsee oder in der Ostsee oder vielleicht sogar noch in Italien? Das wäre dann allerdings „die Masche".

Übermorgen gehe ich zur Abwechslung wieder einmal zum Zahnarzt. Vielleicht wird er mich dann in der letzten Woche noch einmal vorladen, dann sind hoffentlich die Zähne wieder in Ordnung. In der Werkstatt werden wir in der kommenden Woche entweder in der Schlosserei oder in der Dreherei arbeiten. In der letzten Woche waren wir in der Schmiede.
Ist das Wetter bei Euch auch so regnerisch? Hier ist es furchtbar! Fahren Dieter und Helmut immer noch mit dem Rade in die Stadt, oder benutzen sie schon die Bahn?
Na, in diesem Jahr kann sich Helmut ja freuen; es gibt ja sehr lange Weihnachtsferien, und leider wohl auch Zeugnisse! Wie geht es Euch allen nun noch? Von mir kann ich nur das Beste berichten.
Für heute will ich nun schließen und bleibe mit vielen herzlichen Grüßen

Euer Horst

„New York", am 7. Dez. 1944

Ihr lieben Alle!

Für das gestern erhaltene Päckchen mit dem herrlich süßen Inhalt und für die Briefe Nr. 33 und 34 möchte ich mich einleitend recht herzlich bei Euch allen bedanken. Ich kann wohl sagen, die Plätzchen, Honigkuchen und „Pflastersteine" schmecken auch in diesem Jahr wieder ausgezeichnet. Sie sind alle so gut gelungen, oder habt Ihr für mich eine Ausnahme gemacht? Jedenfalls kann ich zu Eurer Beruhigung berichten, daß ich den Magen schon etwas verdorben habe, obwohl ich noch gar nicht so viel genascht habe.
Jetzt wird erst einmal Schluß damit gemacht!

Sag' mal, Dieter, warum hast Du Dich gerade zur Division „Großdeutschland" gemeldet? Hast Du eigentlich schon die Annahmeuntersuchung hinter Dir? Na, sicher wird es dort auch viel Spaß machen!
Die seinerzeit entfernte Warze ist auch dieses Mal nicht vollkommen entfernt worden. An Bord werde ich mich dann ganz einfach wieder einer kleinen Operation unterziehen. Meine Zähne sind jetzt wieder in Ordnung, die beiden kleinen Füllungen wurden vorgestern zusammen fertiggestellt.
Sonst habe ich von hier keine Besonderheiten zu berichten. Die letzten Tage gehen dahin wie im Fluge. In der nächsten Woche werden wir wohl noch eine Besichtigung über uns ergehen lassen müssen, und dann sind wir wieder einmal fertig!
Wie kommt Helmut jetzt eigentlich zur Schule? Sicher werden sie doch die alten Lehrer behalten haben. Wo befindet sich jetzt eigentlich der Bann, und wer ist dort überhaupt alles beschäftigt, Dieter?
Ich hoffe, es geht Euch allen gut. Ich bin augenblicklich nicht ganz auf der Höhe. Habe Mandelentzündung und Kopfschmerzen, mache aber Dienst mit. Ihr seht also, die Sache ist gar nicht so gefährlich. Ihr braucht Euch um mich nicht zu sorgen.
Für heute möchte ich nun schließen und bleibe mit vielen herzlichen Grüßen

Euer Horst

Z-28

An Bord, d. 7 Januar 1945.

Ihr lieben Alle!

Heute, Sonntagnachmittag, will ich nun endlich den versprochenen Reisebericht starten. In Br. kam der Zug mit einer halben Stunde Verspätung an. Mit viel Mühe hatte ich mich dann in den Wagen hineingezwängt, als auch bald darauf der Zug abfuhr. Die Reise wurde aber zum Ärgernis aller, am Ostbahnhof für eine Stunde unterbrochen, weil die Lokomotive höchstwahrscheinlich einen Maschinenschaden hatte. So kamen wir dann mit beträchtlicher Verspätung in Magdeburg an. Bis hierhin hatte ich also gestanden; so eng, daß man nicht einmal den Fuß umsetzen konnte.

Als aber in Magdeburg der Wagen vorübergehend leer geworden war, hatte ich Glück! Es waren zwar noch alle Sitzplätze belegt; eine jüngere Dame aber, die bis jetzt auf ihrem stabilen Koffer gesessen hatte und mich während der Fahrt vorher schon immer mitleidig anschaute, bot mir ihren bescheidenen Sitzplatz an, den ich selbstverständlich sofort annahm! Da der Zug bis Potsdam wieder so brechend voll geworden war, stiegen wir - jene Dame und ich - hier aus. Hier ließ ich mir auch sofort die Verspätung, es waren 240 Minuten, bescheinigen und erfuhr zu meinem Schrecken, daß ich erst anderntags 8.33 Uhr weiterfahren kann. Wie sollte ich nur die Nacht verbringen?

Jener Dame konnte ich nicht zumuten, mit mir in Berlin herumzulaufen; denn schließlich war sie 24 Jahre, Weihnachten verlobt, müde und hungrig!

So begleitete sie mich noch zum Stettiner Bahnhof, hier gab ich meinen Seesack auf. Im Wartesaal aßen wir nur ganz kurz Abendbrot. Dann half ich ihr, den Koffer mit nach Hause, das heißt zu ihrer Tante, bei der sie wohnt, zu schleppen. Erst auf dem Rückwege bemerkte ich, daß

ich in meiner Tasche von ihr noch einen Schal hatte, den sie, weil sie so schwitzte, dort hineingetan hatte. Auf der Stelle fuhr ich mit der S-Bahn zurück und fand sogar bei der Dunkelheit die Wohnung wieder. Welch eine Leistung!
Als ich nun das Ding abgeben wollte, wurde ich ihren Verwandten vorgestellt. Die Tante lud mich sofort für den Abend ein; sogar zum Ablegen des Mantels wurde ich gezwungen! Was sollte ich machen? Auf dem Bahnhof hätte ich mich nachher geärgert, hätte ich abgelehnt. Als ich dann das Zimmer betrat - es war sehr groß und phantastisch eingerichtet, wie die ganze Wohnung, soweit ich sie gesehen hatte - brannte der Weihnachtsbaum, auf einem kleinen runden Tisch war Rotwein eingeschenkt. Mit dem Hausherrn und der gnädigen Frau unterhielt ich mich über allerhand Sachen. Nach dem 20 Uhr-Nachrichtendienst wollte ich gehen; man ließ mich nicht, sondern holte zu allem Überfluß noch eine Flasche Sekt hervor. Um 24 Uhr haute ich dann aber ab, nachdem man mich vorher noch zum Nachtquartier geladen hatte, was ich mit allerhand Notlügen nicht annahm. Nachher bedauerte ich dies natürlich; denn auf dem Bahnhof war es kalt und man konnte überhaupt nicht schlafen. Aber versprechen mußte ich, daß ich einmal etwas von mir hören lassen würde!
In der Hoffnung, Ihr habt Euch meinethalben nicht unnütze Sorgen gemacht, wünsche ich Euch von Herzen alles Gute und bleibe mit den herzlichsten Grüßen

Euer Horst

An Bord, d. 12. Jan. 45

Ihr lieben Alle!

Nun bin ich schon über eine Woche hier an Bord, nehme jetzt auch mit am Dienst teil. Solange wir in der Werft liegen, gehe ich mit noch drei Fähnrichen abwechselnd vier Stunden „Sicherheitsoffizier".
Der Maschinendienst verlangt von uns keine körperliche Arbeit mehr; vielmehr fällt uns die Aufgabe zu, die Mannschaften zu kontrollieren und anzuweisen. Der anderweitige Betrieb ist mir ja schon von meinem ersten Bordkommando her bekannt, ich kann also gleich richtig loslegen!
Ansonsten geht es mir ausgezeichnet, was ich auch von Euch allen erhoffe. Habt Ihr eigentlich meinen Wertbrief schon aufgegeben? Meine Briefe habt Ihr doch inzwischen erhalten. Ich erwarte für morgen oder übermorgen die erste Post. Hoffentlich ist etwas für mich dabei. Halt, vorgestern habe ich schon einen großen Brief vom Bann von Kiel her nachgeschickt bekommen. Es waren einige nette Lektüren und drei schöne Postkarten darin!
Ich wünsche Euch nun alles Gute und bleibe mit vielen herzlichen Grüßen

Euer Horst

An Bord, d. 16.1.45

Ihr lieben Alle!

Für Euren lieben Brief Nr. 1 und für die schon vor einigen Tagen erhaltene Zahnbürste sage ich Euch allen meinen herzlichsten Dank. Ich hatte noch nicht damit gerechnet, so schnell schon ein Lebenszeichen von Euch

zu erhalten. Meine Erkennungsmarke werde ich höchstwahrscheinlich morgen von der Post abholen, wenn es mit dem Landgang hinhaut.
Weshalb soll ich eigentlich „baselig“ gewesen sein, als ich vor vierzehn Tagen von Euch abdampfte? Ihr habt wohl noch nie etwas vergessen? Noch nie!
Übrigens, mein Brief Nr. 1 war gar nicht so lange unterwegs, als das man so lange hätte drauf warten müssen. Am 4. kam ich hier an, am 5. abends habe ich geschrieben, am 6. morgens ging der Schrieb ab und am 9. hattet Ihr ihn in Händen. Sagt nur, es hätte an mir gelegen, wenn Ihr so spät von mir einige Zeilen erhaltet, wo doch die Post wirklich nicht allzu lange unterwegs war. Schließlich ging es seinerzeit von Kiel auch nicht wesentlich schneller, wenn man bedenkt, daß jetzt alles über die Feldpost geht.
Haben Dieter oder Helmut gestern von Fischer die Bilder abgeholt, und habt Ihr gleich ein paar nach mir auf den Weg geschickt? Ich glaube kaum! Habt Ihr außerdem auch schon den Jahresbeitrag zum „DHH“ geschickt? Von hier aus habe ich schon vor Tagen mein Austrittsgesuch aufgegeben.
So, wie kann ich schon Briefe mit der Schreibmaschine schreiben? Auf der Schreibstube oben wartet immer auf mich ein ganzer Batzen Dienstpost zur Erledigung. Entschuldigt bitte, wenn ich nicht mit der Hand schreibe, aber es geht so bestimmt schon schneller.
Für heute schließe ich mit den herzlichsten Grüßen.

Euer Horst

An Bord, d. 20. Jan. 1945

Ihr lieben Alle!

Nachdem ich nun schon seit Tagen vergeblich auf einige Zeilen von Euch warte, muß ich wohl heute wieder einmal zur Feder greifen. Haupttriebkraft hierzu ist Helmuts Geburtstag. Also, mein lieber Helmut, ich wünsche Dir zu Deinem großen Tag alles Gute, vor allem mögen Gesundheit, das Glück und die Zufriedenheit im kommenden Lebensjahr nie von Deiner Seite weichen! Das Glück und die Zufriedenheit fallen Dir aber nicht von selbst zu, Du mußt sie Dir erarbeiten; kannst sie Dir also so gestalten, wie Du sie gerne haben möchtest.
Heute war ich das erste Mal an Land, um einige Einkäufe zu machen und um meinen Wertbrief von der Post abzuholen. Hier traf ich auch Oberfähnrich zur See Wolfgang Lopau. Am Mittwoch werde ich ihn einmal besuchen. Der Wertbrief war übrigens noch nicht da.
Habt Ihr eigentlich auf meine Reklamation von Mürwik her schon eine Antwort bekommen?
Ihr könnt mir ein Riesenpaket schicken! Beachtet aber meine Wünsche genau. Schickt nur Gebäck, Keks, gerösteten Kuchen oder Kaffeestreifen. Wurst oder ähnliches kann ich nicht gebrauchen. Ferner sind wichtig: Einige Hefte beigelegten Musters (aufheben!!!) und Reclam-Hefte: Goethes Faust und Wilhelm Meisters Lehrjahre. Sicher werdet Ihr die Pamphlete bei Graffs oder Pfannkuch noch bekommen. Die kleinen Marken sind für ähnliche Überraschungen.
Mit den herzlichsten Grüßen will ich für heute schließen, und laßt bald einmal etwas von Euch hören.

Euer Horst

An Bord, 1. Februar 1945

Liebe Eltern und Geschwister!

Da ich gerade beim Schreiben bin, das heißt die Listen, Kurven und schematischen Betriebsdarstellungen fertiggestellt habe, will ich gleich einen kurzen Gruß für Euch alle mit auf den Weg geben. Ich weiß nicht, wann sich jetzt einmal wieder Gelegenheit bieten wird, um Euch zu schreiben. Ihr könnt Euch ja selbst vorstellen, was es jetzt zu arbeiten gibt, um auch so schnell wie möglich zum Einsatz zu kommen. Morgen gehen wir wieder aus dem Dock, um nur noch ganz schnell auszurüsten, Munition und Proviant zu übernehmen. Vielleicht sind wir dann in einer Woche schon klar. Wir alle wünschen es uns ja. Post bekommen wir augenblicklich keine. Ich hoffe aber doch, daß von hier welche weggeht.

Am Sonnabend werde ich wieder nach meiner Erkennungsmarke fragen. Inzwischen war ich nur einmal an Land und zwar am vergangenen Sonntag. Ich war im Kino, „Frau meiner Träume“ wurde gegeben. Es war ein prächtiger Farbfilm. Nun ist alles aus. Sämtliche Kinos und Gaststätten sind mit Flüchtlingen belegt. Und noch immer treffen laufend Dampfer aus dem Osten hier ein. Wie sieht es bei Euch nun noch aus? Sicher werden auch in Eurer Gegend Menschen untergebracht sein. Bei uns hatte es heute hier getaut. Wie sieht es bei Euch mit dem Winter aus? Wie geht es Euch allen noch, wie geht es vor allem Dieter? Ist er schon wieder zu Hause? Habt Ihr eigentlich mein Paket schon abgeschickt? Werde ich es in der augenblicklichen „Wooling“ überhaupt erhalten? Mir geht es gut, was ich auch von Euch allen erhoffe. Für heute grüßt Euch herzlichst

Euer Horst

An Bord, 8. Febr. 1945

Ihr lieben Alle!

Für Euren Brief Nr. 6 habt vielen herzlichen Dank, ich erhielt ihn schon vor einigen Tagen. Die Post ist heutzutage furchtbar lange unterwegs. Seit dem 4.2. haben wir keine mehr an Bord bekommen. In Zukunft wird das noch schlimmer, da wir morgen zu ersten Fahrt auslaufen werden. Gefährlich ist das noch gar nicht, da erst einmal alles durchgefahren, überprüft und ausprobiert werden muß. Ihr braucht Euch deshalb gar nicht um mich ängstigen.
Meine Erkennungsmarke habe ich noch nicht bekommen. Nachdem ich mehrere Male nachgefragt hatte, bekam ich zuletzt den Bescheid, man hätte sie zurückgeschickt. Na ja, laß sie fahren - ich brauch sie ja nicht unbedingt.
Lieber Dieter! Zu Deinem kommenden Geburtstag nimm nachträglich meine herzlichsten Glückwünsche entgegen; denn mein Brief wird ja doch erst nach Tagen ankommen. Hoffentlich kannst Du diesen Tag wieder vollkommen gesund und wohlauf begehen! Oder hast Du etwa noch mit Deinem Ohr zu tun? Feiere nicht so viel, sonst bist Du gleich wieder krank!
Wie geht es Euch sonst noch? Hoffentlich doch gut, was ich von mir auch behaupten kann. Das Wetter ist hier nicht mehr winterlich, seit einer Woche liegt schon kein Schnee mehr, nur vereinzelt treiben noch riesige Eisschollen seewärts.
Für heute bleibe ich mit vielen herzlichen Grüßen

Euer Horst

An Bord, d. 17.II.45

Ihr lieben Alle!

Zunächst möchte ich mich bei Dir, lieber Helmut, für Deine lieben Zeilen, besonders aber für das Bild bedanken. Ich erhielt Deinen Brief vor genau einer Woche, seitdem habe ich noch keine Post wieder bekommen. Leider hatte ich in der Zwischenzeit keinen Augenblick Zeit, die Zeilen sofort zu beantworten. Heute nehme ich aber die Gelegenheit wahr, wieder ein kleines Lebenszeichen von mir zu starten. Es sind ja wohl bald vierzehn Tage seit meinem letzten Brief verstrichen.

Ja, seit Montag sind wir nun täglich zur See gefahren. Morgens ging es raus, und abends hatten wir wieder am Pier festgemacht. Bis Dienstag setzen wir vorläufig wieder einmal aus, um dann die letzten Übungsfahrten wie Artillerieschießen und U-Jagdübungen hinter uns zu bringen. Ich hoffe, daß wir dann in absehbarer Zeit „frontreif“ sind.

Was mich anbelangt, versehe ich seit einigen Tagen die Geschäfte des Divisionsfeldwebels oder „Spießes“. Im Großen und Ganzen ist das ein sehr erträgliches Geschäft; den ganzen Tag, vom Wecken bis „Ruhe imSchiff“ hat man auf den Beinen zu sein, aufpassen, daß der Dienst stur nach Dienstplan gemacht wird, und fast überall muß man schreien und „anlüften“. Beaufsichtigt werde ich dabei nicht, ich arbeite vollkommen selbstständig. Deshalb kann ich auch während des heutigen Vormittagsdienstes Euch diesen Brief schreiben. Dies ist aber nur meine „Hafenbeschäftigung“. Während der Seefahrt bin ich in T2 zu finden. Um das heute geschilderte Bild noch vollends zu runden, kann ich Euch zu Eurer Befriedigung noch mitteilen, daß es mir gesundheitlich nicht besser gehen

kann.
Wie geht es Euch noch? Was macht Papa, was macht Dieter mit seiner Mittelohrentzündung? Ich nehme an, daß er wieder vollkommen hergestellt ist. Helmut macht wohl jetzt sehr eifrig Dienst, und die Schule?
Du, Mama, wirst wohl wie immer sehr viel zu tun haben, ist es nicht so? Wie verhält es sich eigentlich mit meinem Paket? Habt Ihr den Brief mit den Marken nicht bekommen? Hoffentlich ist es schon unterwegs!
Euch nun alles Gute wünschend bleibe ich mit vielen herzlichen Grüßen

Euer Horst

An Bord, d. 22.II.45

Ihr lieben Alle!

Seit ungefähr vierzehn Tagen habe ich keine Post mehr von Euch. Ich nehme an, daß es an der Postbeförderung liegt. Aber hoffentlich habt Ihr meine Briefe alle bekommen. Von Rümmer erhielt ich vor wenigen Tagen den zweiten Brief hier. Sie haben wohl sehr viel zu tun? Auch mir ging es in den letzten Tagen so. Bis spät in die Nacht hinein habe ich mit der Schreibmaschine herumhantiert.
Papierkrieg, Papierkrieg!!! Gott sei Dank ist das mit dem heutigen Tage erst einmal wieder vorbei. Auf dem Dienstplan steht nämlich „19:15 Uhr seeklar, Kriegmarschfahrstufe … sm“! An Oberdeck sind die Seeleute schon tüchtig am Schuften. Strecktaue werden gespannt, alle Gegenstände werden verstaut oder festgezurrt. Und noch tausend andere Sachen sind zu erledigen. Die Nacht werden wir dann wohl auf Reede ankern, um dann morgen früh irgendwohin weiter zu

fahren. Höchstwahrscheinlich noch nicht zum Einsatz. Das Wetter ist momentan mal wieder sehr diesig, draußen wird wohl wieder ein astreiner „Stieben“ sein. Na, mich soll das wenig stören!
Wie sieht es bei Euch nun noch aus? Liegt überhaupt noch Schnee? Die Einflüge der Tommys haben Euch doch hoffentlich keinen Schaden angetan! Oder sind inzwischen schon wieder einmal in Braunschweig Bomben gefallen? Gesundheitlich seid Ihr doch wohl alle soweit auf der Höhe? Von mir kann ich dieses jedenfalls berichten.
Euch nun alles Gute wünschend bleibe ich mit vielen herzlichen Grüßen

Euer Horst

An Bord, d. 1. März 1945

Ihr lieben Alle!

Seit fast drei Wochen keine Post. Hoffentlich können wir bald einmal wieder welche an Bord nehmen, und hoffentlich habe ich dann auch etwas von Euch dabei. Noch ist dieser Tag ja nicht abzusehen, noch sind wir heute hier, morgen dort und übermorgen woanders. Und die Tage und Wochen vergehen, zack zack… weg sind sie! Jetzt werden es auch bald neun Wochen, die ich hier an Bord bin. Neun Wochen, welch‘ eine Zeit!
Stellt Euch vor, gestern war ich auf jenem Dampfer, auf dem ich als Kadett gefahren bin. Ach, war das komisch. Ich war kaum über die Stelling gegangen, als ich dem LI (Leitender Ingenieur) in die Arme lief. Er erkannte mich sogar wieder. „Na Handke, wie geht’s? Was machen Sie noch? Wo sind Kob und Riek und all die anderen, usw.?“. Und als ich dann nach vorn in den

Unteroffiziersraum gehen wollte, hatten mich auch schon die Heizer gekrallt, so mußte ich erst mit ins Mannschaftsdeck. Ach, und dann ging die Rederei los. „Ihr wart kaum von Bord, da war das und das“. Und was hatten die Jungs alles erlebt. Alle hatten ihr Kriegsabzeichen und viele trugen das Eiserne Kreuz. Selbstverständlich alles auf Du und Du, nur die Neuen hatten mich standesgemäß mit „Herr und Dienstgrad“ anzureden.
Schließlich war ich dann noch im U-Raum. Es waren alles noch die alten da, nur Obermaate waren sie inzwischen geworden, aber die Bärte hatten sie auch noch. Als ich wieder von Bord ging, wurde schon wieder seeklar gemacht!
Wie geht es Euch allen noch? Mir geht es ausgezeichnet, sogar die Seekrankheit befällt mich nur noch so einigermaßen erträglich. Da macht die christliche Seefahrt wenigstens Spaß!
Für heute viele herzliche Grüße

Euer Horst

Der Zerstörer „Z-28“ sank fünf Tage nach Horsts letztem Brief, am 6. März 1945 vor Saßnitz liegend, nach einem Bombentreffer mitschiffs innerhalb weniger Minuten. Die Wassertemperatur betrug knapp 6°C und nur die Hälfte der über dreihundert Mann starken Besatzung überlebte den Untergang.

Das endgültige Schicksal von Horst Handke bleibt ungeklärt.

Ebenfalls erhältlich:

Band 1

„Sonst geht es mir noch gut“
156 Seiten, 9,95€
ISBN: 9783739248912

Band 2

„Gestern war wieder der Herrgott bei mir“
276 Seiten, 12,95€
ISBN: 9783741238413

Band 3

„Wenn ich auch nicht bei Dir sein kann“
144 Seiten, 9,95€
ISBN: 9783741265662

Dieses Buch soll nicht dazu dienen der Marineschule Mürwik oder sonstigen Institutionen Schaden zuzufügen, da sie alle bestimmt großartige Arbeit leisten. Es geht lediglich darum die Erinnerung an eine wenig ruhmreiche Epoche der deutschen Geschichte in der Erinnerung lebendig zu halten, um eine Wiederholung zu verhindern. Sollte sich trotzdem jemand verletzt, beleidigt oder geschädigt fühlen möchte ich mich hiermit ausdrücklich bei ihm entschuldigen, das ist und war nie meine Absicht.